自然之友书系

自然北京

无痕游

稿件统筹：胡卉哲

李君晖 黄海琼

自然之友 编著

北京出版集团公司
北京出版社

图书在版编目（CIP）数据

自然北京无痕游／自然之友编著 . — 北京 ：北京出版社，2013 . 9
ISBN 978-7-200-10019-8

Ⅰ . ①自… Ⅱ . ①自… Ⅲ . ①郊区—旅游指南—北京市 Ⅳ . ① K928.91

中国版本图书馆 CIP 数据核字 (2013) 第 218922 号

自然北京无痕游
ZIRAN BEIJING WUHEN YOU

自然之友　编著

*

北 京 出 版 集 团 公 司
出版
北 京 出 版 社

（北京北三环中路 6 号）
邮政编码:100120

网　　址 ：www. bph. com. cn
北 京 出 版 集 团 公 司 总 发 行
新 华 书 店 经 销
北 京 华 联 印 刷 有 限 公 司 印 刷

*

787 毫米 ×1092 毫米　16 开本　13 印张　193 千字
2013 年 9 月第 1 版　　2013 年 9 月第 1 次印刷
印数 1—5 000
ISBN 978 - 7 - 200 - 10019 - 8
定价 48.00 元
质量监督电话 : 010 - 58572393

《自然北京无痕游》

编·写·组

（以汉语拼音为序）

文字统筹	胡卉哲	李君晖		**图片统筹**	黄海琼	
审　校	高　武	侯笑如	陆　莉	舒晓奋	万奔奔	魏家明	杨　斧

参与写作	冬小麦	高　武	何　理	洪士寓	侯笑如	胡卉哲	李　强
	刘　夙	刘文泽	莫树文	彭　博	宋　晔	汪　周	王　煜
	杨　斧	要旭冉	姚爱静	翟悦剑	张冬青	郑丹丹	

图片作者	安金如	安　妮	白加德	陈　耘	高　武	高　翔	顾　芳
	韩广奇	何　理	洪士寓	洪婉萍	侯朝炜	侯笑如	胡卉哲
	黄海琼	李海宾	李　强	李心苒	廖娜平	刘华杰	吕　军
	吕树伟	莫树文	彭　博	浦　刚	千年猫	宋　晔	苏文平
	天　马	汪　周	王建爱	王玉琦	王　昀	吴　岚	吴　骁
	吴秀山	心　弦	徐越平	颜晓勤	杨　斧	杨　洋	要旭冉
	翟悦剑	张冬青	张林源	张筱达	赵洪山	郑丹丹	钟震宇
	朱　松						
	自然之友登山队		北京松山国家级自然保护区管理局				

这是一个邀请，发给所有身在北京，并希望在北京体验美好自然的朋友们。

无论是偏爱舒适便利的市中心的游客，还是喜欢在山野挑战自我的驴友，都希望你在北京找到亲近自然之路，愿你能领略融入自然的愉悦，愿你的生命因此而丰富。

市中心有宝贵的城市绿洲，虽说人工化程度高，但依然有着丰富的内容等待发掘，是探索自然奥秘，欣赏自然之美的好起点。何况，便利的交通，完善的设施，对老人、孩子、体弱者都很必要。

而远郊山野，自然程度不用说是提高了很多，而各种服务设施也就少了。在一些保护区的核心区，更是不能有任何人工设施，甚至包括路标。显然，这些地方对游人的体力、技能和安全意识提出了更高的要求。也因为管理力量不可能像市中心那么密集，其生态环境的安危，更多地取决于游人的行为。

现在，户外活动蓬勃发展，徒步、登山、露营、溯溪，乃至攀岩、攀冰、潜水、探洞、速降等都渐渐为人熟知。不难注意到，所有这些户外活动的热点地区，都面临着不同程度的环境破坏：垃圾、涂鸦、破碎的草甸、密集的帐篷群……而很大程度上，正是户外活动者直接造成了这些问题。人们与自然亲密接触，本来是为了体验自然的美好，但如果行为方式错误，就会给环境造成破坏，甚至会给自己和同伴带来危险。别看都是些小小的举动，每个人的一点点影响累积起来，尤其是在人多的热点地区，会给当地环境带来沉重的压力，让原本环境优美的地方变为环境恶劣的生态灾区，甚至成为发生山难的惨地。

那么，如何在人与自然亲密接触的同时，尽量将人为活动对于环境的影响减到最低呢？多年来走遍北京城里城外、攀过北京郊野一座座山的"自然之友"们，在本书中，分享一套可以借鉴的做法：源自美国的"Leave No Trace"户外伦理教育。"Leave No Trace"这个短语直接翻译过来是"无痕"。它不仅是个倡导，还是一套成体系的行为准则，帮助人们出游时做到与自然和谐相处。

"Leave No Trace"课程先是由华人户外爱好者引进到台湾，之后被翻译成"无痕山林"，更增添了中文的诗意。内地的活动也沿用了这个名字，并在这几年涌现出越来越多践行"无痕"准则的驴友。"无痕"并不以"保护"之名阻止人亲近自然，而是主张人们在亲近自然、享受美好的时候，采用正确的行为方式，最大限度地减少对环境的冲击，尊重自然中的一切生命。"尊重"和"少冲击"就是"无痕山林"最重要的两条基本准则。在此基础上，归纳出七大行为原则，每一条都有详细的、可操作的指引。

"无痕山林"七大原则
1、事前充分的规划与准备
2、在可承受地点行走露营
3、适当处理垃圾
4、保持环境原有风貌
5、减低用火对环境的冲击
6、尊重野生动植物
7、考虑其他环境使用者

"无痕山林（Leave No Trace）"最初探讨的是人在自然荒野环境中该怎么做，中文译名也体现了这点。后来在世界各地推广过程中，借由各地环境特色渐渐生发出不同的课程与活动，例如"露营区""郊野农庄""日常生活区域"及"都市中的公园"等，所以也陆续出现了诸如"无痕郊野""无痕海滩""无痕公园"等等。其实，"无痕"更像一种生活方式，可以自然而然地融入每个人的选择之中。

本书探索的是如何"无痕"游北京，我们将从市中心的公园出发，一步步走向近郊、远郊，进而前往山野地带。只要你喜欢走进自然，不管是其中的哪一段，我们都希望你能乐在其中，同时也践行"无痕"原则。

为了提示读者各景点的不同特色以便安排游览计划，本书设计了一个星级评价系统。每一个地方都从"自然程度（人工环境为主还是自然环境为主）、偏远程度（位置和交通的便利程度）、游客密度（游人密集程度）、管理程度（各种安全、服务设施）"四个方面作出从1~5星的评价。在这个评价系统中，星级的高低不意味着景点的好坏，只是说明这个地方的特点。例如紫竹院公园，星级评定为"1155"，意味着这个地方位于市区、交通便利，游人密集，同时各项服务设施完善，因为有这些特点，这个地方老少皆宜，适合周末家庭出游。而如山野地带的灵山，星级评定为"4321"，意味着这个地方的环境自然程度较高，位置比较偏远，游人比较分散，而人工服务设施较少。因此，这个地方要求游客有一定的体能和户外经验，要特别注意安全，适合组队前往，出游前做周到的计划。

前往景区的交通、食宿信息，由于查询渠道日益便利多样，且具体信息时有变化，本书从略。仅提供一份北京市公交查询电话，供选择公交出行者参考。准备好了吗？和我们一起出发，去探访北京的自然野趣吧！

自然之友
FRIENDS OF NATURE

2013年9月

目录

引章

认识"北京湾"

三维北京地形图（图源：Google Earth）

大山环抱的小平原

北京的形成

北京位于华北平原的北端，北以燕山山脉与内蒙古高原接壤，西与山西毗连，东北与松辽大平原相通，东南距渤海约150千米，往南与黄淮海平原连片（北纬39°28′~41°05′，东经115°25′~117°30′）。总面积16800平方千米。

距今1亿多年前的中生代晚期，在中国东部发生了一场强烈的造山运动，火山喷发、地壳变动、山地隆起，这就是著名的"燕山运动"。在"燕山运动"作用下，太行山以西的山地抬升，太行山以东的平原断陷下降，奠定了今天北京的特征。

今天，北京城区周围是平原。平原的西、北、东三面环山，地势西北高东南低，东南敞开面向渤海。太行山逶迤自华北平原延亘至北京，与东西向的燕山相环接。

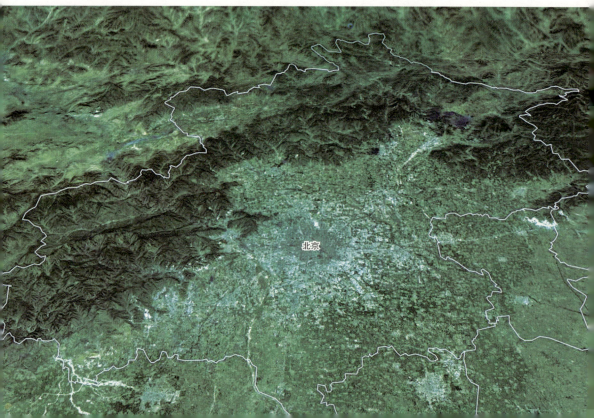

北京

在北京，太行山叫西山。与之环接的这段燕山叫军都山，北京东北面的山脉属燕山山脉。这样三面环山，中间是平原，向东南敞开的地势，宛如海湾，北京及其周围可以形象地称作"北京湾"。

北京的地貌可以分成三个部分：

东、北、西三面是山地，面积约占北京市总面积的三分之一。

另一种地貌是由永定河、拒马河、潮白河及清水河向渤海汇流过程中所形成的向东南倾斜的冲洪积平原。

远眺京城　摄影/吕军

还有一种地貌是在断块山地与冲洪积平原之间的丘陵、台地。

北京西部的山多属石灰岩山地，坡脊缓坦，谷底宽广。北京最西边门头沟区与河北接壤的地方，坐落着海拔2303米的东灵山，是京西最高峰，也是北京的第一高峰，比闻名于世的五岳最高峰西岳华山（2155米）还高出一大截。

这样的海拔高度孕育了多样的森林资源，也涵养了丰富的水资源，形成山泉和溪流。东灵山南麓的水流和源于百花山的河流在塔河口交汇，形成清水河。它淌入斋堂镇的斋堂水库，再向东一路接纳来自两岸山涧的溪流，至青白口投奔远道而来的永定河的怀抱。

永定河主要由桑干河、洋河和妫（Guī）水河于官厅附近汇聚而成。桑干河和洋河发源于山西高原，妫水河发源于延庆县黑汉岭。永定河出水库就绕进了京西的群山中，在悬崖峭壁之间左冲右突，在沿河城附近的珠窝水库稍事休息，向东南行至青白口，接纳清水河后，直奔三家店而去。在这里它摆脱山的束缚，欢畅地在平原上流淌。永定河在平原地区的河道发育在第四纪松散沉积物上，河水渗漏较强，枯水季往往断流。

潮白河水经京密引水渠至昆明湖游览皇家园林颐和园后，便与北上的永定河水（经永定河引水渠）相约至玉渊潭，它们原本该在渤海湾碰面，然而没来得及下海，先都上了京城。

与永定河相交，京密引水渠的水更是风尘仆仆，它从北京东北角而来，跨了密云县、怀柔区、顺义区、昌平区和海淀区五个

北京的亚高山草甸

华丽的亚高山草甸，分布在百花山、白草畔（也称百草畔）、东灵山、海陀山等地，为北京地区海拔最高的生态群落。草甸上有上百种野花、野草，有龙胆、金莲花、银莲花、手参、胭脂花、野罂粟、小丛红景天、火绒草、风毛菊、马先蒿等。在草甸附近生活着一种珍稀的蝴蝶——小红珠绢蝶，它的幼虫独爱景天科和菊科植物，草甸上的小丛红景天便是其中之一。因此人们应该像保护熊猫的箭竹林一样，保护亚高山草甸。草甸上生长着金露梅、银露梅、鬼见愁等灌丛。这些区域常见环颈雉、红嘴山鸦、百灵等鸟类。

奥林匹克森林公园湿地　摄影／苏文平

北京的湿地

北京湿地包括河流湿地、水库湿地、湖泊湿地、人工水渠、坑塘、稻田等，不仅为市民提供了充足的淡水资源，还给众多生物提供适宜的栖息地。从湿生植物、挺水植物、浮水植物到沉水植物，从鸟类、两栖类到鱼类等。其中有一种食虫植物——狸藻。它挺水开黄色小花，水中叶子细裂，叶子上布满小小的捕虫囊，从囊旁游过的水蚤等动物会瞬间被吸进去，被消化掉。狸藻属沉水植物，它的根系不发达，缺氮素等，需要通过其他有机体获取氮。另外一种沉水植物——黑藻，也极其聪明，它开着白色的单性花，小花浮在水面，雄花成熟后花粉撒在水面漂至雌花。

区县。京密引水渠的水引自密云水库，水库主要是拦白河与潮河而成。

白河发源于塞北高原河北省沽源县大马群山，经延庆白河堡进入北京。潮河发源于河北省承德地区的丰宁县，经古北口进入北京地界。这两条河虽在密云水库汇聚，但各自出库后在密云县十里堡才真正合为潮白河。潮白河向东南而行，最终流入渤海。

这些大小河流源源不断地为北京城内的湖泊与湿地供水。两河之水出玉渊潭后经护城河，在东便门入通惠河。通惠河在通州城北入温榆河，温榆河过了北关闸称北运河，即为京杭大运河北段。温榆河是北京土生土长的河，血统最为纯正，发源于燕山南麓昌平区境内，由东沙河、北沙河、南沙河于沙河镇汇聚而成。

除了河水，北京也曾不乏湖泊、泉水。在元、明、清时期，主要引京西玉泉山的水入城，一部分入积水潭、通惠河作漕运水，一部分入太液池（北海）作宫苑用水。而今积水潭早已不再是码头，通惠河担起城市排水、排污的任务。昆明湖、紫竹院、玉渊潭、莲花池、青年湖等，都是在自然泉水曾经溢出的地方人工围建起来的。随着地下水不断开采，水位不断下降，泉水已罕见，这些公园现主要靠地表水补给着。

从高山到平原

受暖温带大陆性季风气候的影响，北京地带性植被属暖温带落叶阔叶林，并表现出随海拔高度的变化垂直分布的特征。最理想状态从高海拔向下，分布着华北落叶松林、落叶阔叶混交林、核桃楸林、大叶白蜡林、蒙古栎林、油松栎树林、油松林、鹅耳枥林、侧柏林。然而在长期人类活动、自然灾害的干扰和影响下，这些地带性森林（原始森林）不再那么常见，山上多为次生林（原有森林经采伐或破坏后又恢复起来的森林）。

就北京所在的纬度而言，最高峰东灵山的海拔也未到森林的上限，在高海拔却有美丽的亚高山草甸，这属自然的恩赐，却同样是次生而来。山杏、荆条等低山灌丛从高大乔木的荫蔽中逃出来，从丘陵一直奔至平原。北京的平原是人活动的中心地带，城市景观主要是人们愿景的美好体现，湿地是平原居民和自然最为紧密的联系，千屈菜、芦苇、香蒲、槐叶萍、苦草等则是守护湿地的重要植物。

构成北京各类生态系统的动植物，有野生维管植物1790余种，兽类58种，鸟类343种，鱼类70余种，两栖类8种，爬行类11种，节肢类（昆虫2000余种，多足类、蜘蛛类103种），以及其他。这些专用词汇看上去可能有些生涩，我们用北京相声的语言来形容，那就是"天上飞的，地下跑的，水里凫的，草棵里蹦的"无一不有，样样精彩！这些生物或躲在深山，或隐于城市，或潜入水中；有的终身留守，有的随季节迁徙。

我们身边常见的生物亦丰富多彩，最亲民的侧柏和国槐被评为北京的市树，月季和菊花则为市花。其他公园、街旁也有很多常见的本地生物。

早春大片的二月兰、星星点点的蒲公英、密密地凑在一起的紫花地丁、还有蹲在地上才能看清的附地菜，它们就像守信的号角，宣告春天的第一声消息。

北京的兽类和鸟类

北京的兽类有大型猫科动物金钱豹，会滑翔的复齿鼯鼠，横行山野的黑色野猪。鸟类主要为雀形目、雁形目、隼形目等。其中留鸟只有四分之一，候鸟和旅鸟占绝大部分，因此北京的观鸟人都紧跟季节变化行动，冬季守候着来京越冬的灰鹤、豆雁等，还有从西伯利亚远道而来的鸮（xiāo），其中天坛的长耳鸮备受关注；春秋两季，观鸟人则跟随着大量为繁殖而迁徙的鸟，其中成群结队的鹰隼尤为壮观。

红角鸮 摄影/洪婉萍

山杨和棘皮桦　摄影/杨斧

北京的针叶林与阔叶林

草甸往下便是华北落叶松林。其林下开阔，有六道木、披针苔草、华北耧斗菜、舞鹤草、歪头菜等。华北耧斗菜生在林荫处，花大，淡紫色，五枚花瓣基部都延长成距，距基部有蜜。这些蜜是为熊蜂准备的。熊蜂为嚼吸式口器，也叫喙，它的喙正好能够到距里的蜜。这正是植物对传粉者精准的回报。这些花还有另一个特点，花朵下垂，这样在雨天可避免距兜满水，而距的末端又巧妙地弯曲，这可防止蜜因重力流出来。

除此之外，北京还有另外两种针叶林——油松林和侧柏林，广泛分布在各区县。油松林随着树龄增加下层枝条枯落，上层枝平展呈平桌状，树形美观，常作景观树种栽植。侧柏林，分布在北京石灰岩山地、较为干旱的地区，为北京植树造林的典型树种。

山地植被面积最大的还是阔叶林，主要由蒙古栎、栓皮栎、白桦、山杨、胡桃楸、鹅耳枥等构成。蒙古栎林为北京地区森林演替的终极群落之一。乔木层伴生植物有大叶白蜡、山杨、白桦等；灌木层有无梗五加、金花忍冬、照山白、迎红杜鹃等；草本层有银背风毛菊、展枝沙参等；还有层间植物北五味子、山葡萄等。为各种动物提供了丰富的种实食物。

这林子里面还有一种懒汉植物——北桑寄生，是北京少见的寄生植物之一。它把自己"嫁接"到栎树、桦树和榆树等的枝干上。这位"懒汉"扩散后代的方式颇为巧妙，它的果实成熟后为橙黄色，经不住诱惑的鸦科鸟类欢喜地取食一通，种子和种子外的黏汁消化不了，鸟儿排泄时种子就黏附在它们栖息的树上，北桑寄生就开始新一轮的"嫁接"。

水中开黄花的荇菜、漂浮的槐叶萍、岸边举着蒲棒的香蒲、摇曳的芦苇、串串紫花的千屈菜，它们都是湿地的原住民。

更不用说天上飞的鸟儿。马路边常见的有"四大名旦"：麻雀、喜鹊、灰喜鹊、乌鸦。树林中偶尔飞出令人惊艳的红嘴蓝鹊，草地上咕咕觅食的珠颈斑鸠。围着老树转个不停的大斑啄木鸟、头戴羽冠的戴胜、池塘边蓝色闪电般的普通翠鸟。水塘中常常见到的游来游去的鸳鸯、绿头鸭，还有会潜水的小䴙䴘（pì tì），橙红色戴着黑领结的赤麻鸭。

再看仔细些，还有四下飞跃的斑衣蜡蝉，水面上挥动长腿的水黾（mǐn）。偶尔出现在胡同周围的刺猬、黄鼬（黄鼠狼）。还有夏日在楼下飞舞的蝙蝠，林间居住的松鼠等等。

这就是北京的自然，美丽丰富，充满生存的智慧。只要你留心观察，定有惊喜发现。自然界的生灵世代适应和改变着环境，如若彼此尊重，则趣味无处不在。

四季野趣

"踏青""赏花""郊游""远足"……这些是前人用来描述出游活动的词。现在，我们可以为这个序列添加各种新的内容，比如观鸟，比如穿越，还依然承续那份自由、诗意的出游情怀。

◎ 冬日观鸟

一阵大雪覆盖了整个北京，风一起就能把人吹透，生冷生冷的，手、耳、脸都要裹藏起来，不然会冻得生疼。天坛的园门早早就开了，可能是阳光刚打在墙头上时。喜欢晨练的人们立在墙下，背着风晒太阳，或练着嗓子或扭动身体。一群斑鸫（dōng）也挤站在臭椿光溜溜的枝条上，蓬松着羽毛，想有更大的面积接受阳光。一只长耳鸮躲在一棵枝叶紧密的圆柏上，闭着眼睡大觉。它飞了挺远，可

徒步八达岭森林公园　摄影／胡卉哲

春色盈野 摄影/韩广奇

北京的低山灌丛

　　低山灌丛是大家最熟悉的。这个区域有山杏灌丛、绣线菊灌丛、酸枣灌丛、荆条灌丛等。它们构成了华北美丽的低山景观。荆条还是重要的蜜源植物，我们常喝的荆花蜜就来自于它。每到3月，桃花、杏花构成了山花烂漫的景色。待到6月，山谷里则弥漫着荆条浓烈的香气。

能从兴安岭过来，也可能从更远的地方，是来北京越冬的。喜爱鸟类的人们总是关心着长耳鸮什么时候来，什么时候走，有没有飞来更多，以及它们在这里吃些什么。

　　观鸟，似乎是个高端时髦的词，其实对于大多数人而言，一支笔、一个本子、一架8倍或10倍的望远镜、一本《观鸟手册》就足够。

　　你推开窗户就能看到的嘈杂城市里，有鸟儿在行道树或小区绿化的树之间追逐嬉戏，可能是灰喜鹊、大斑啄木鸟或戴胜，一抬头还可能瞅见空中滑翔的鹰、隼（sǔn）；坐上地铁就能去到天坛、圆明园、奥林匹克森林公园，鸟儿种类都很多。

　　若时间充裕可以去黄花城水长城一带去看鸳鸯，看它们如何在板栗树洞中育雏。当然这得是夏季。要是到坐拥拒马河的十渡，更是有多样的水鸟，有褐河乌、白鹭、黑鹳，等等。要是这些还不够过瘾，那就可以春秋时节，爬上百望山，去守候那群飞的猛禽，如果运气好遇见上百只候鸟过境的壮观场面，那可是一辈子都忘不了的震撼。

◎ 春夏赏花

当候鸟北上时，春天就悄然上演，早春的植物得赶在大树形成荫蔽之前，开花结实，阳光可贵啊。二月兰迅速地形成花海，引得路人驻足称赞。有一大帮子人，却将目光聚在矮小的堇菜身上。是啊，紫花地丁和早开堇菜到底怎么分辨呢？早开堇菜叶子宽，卵形；紫花地丁叶狭窄，披针形，但得多留意才看得出来，多少有些格物致知的意味。赏花，科学的说法就是植物识别，要是古人识不得梅、兰、竹、菊、柳、荷，怎么抒情言志呢？

相对于观鸟而言，赏花来得更容易些，一双眼睛就足够。去观"小西山"上早于众多植物先行盛开的山杏花，八达岭森林公园满当当的暴马丁香；上方山崖壁上成片的槭叶铁线莲；百花山、东灵山、海陀山（也称海坨山）的亚高山草甸花海。

赏花途中，还可以好好体会森林的韵味。那些核桃楸林、蒙古栎林、白桦林、华北落叶松林、黄桦林，它们从树皮、枝叶到整片林子，都是那么宁静美丽。

紫花地丁 摄影/何理

◎ 秋日穿越

夏日就在生命的繁荣中度过，秋日的开始多少有些生命尾声的苍凉，却又是孕育新希望的轮回起点。这是个成熟丰富的季节，是彩叶的世界。香山的红叶是圆叶的黄栌，你兴致盎然地与游人摩肩接踵，只为一睹万树红遍、层林尽染，最后却只在塑封的书签中瞅见一抹残红。且莫伤心，八达岭森林公园的红叶，一直在关沟的北风中为你摇曳；更远的黄草梁十里坪、喇叭沟门的秋色，向来厚待不辞辛苦的远行客。而这样秋高气爽的日子，徒步旅行是上好的选择，没有冬天的寒冷、春天的光秃、夏天的天气无常，入眼的是多彩的世界。

徒步穿越，不是时间的穿越，是空间的穿越。穿越意味着沿途景致有较大的变化。随海拔的变化看到不同的斑斓，核桃楸、白桦、华北落叶松、花楸，或金黄、淡黄、深红。顺溪流而行，落叶、树、蓝天映入水中，美得干净利落，待上至高处，景色如画卷一般。夜里扎营后，更能仰望星空，没了城市的嘈杂，亦无汽车的尾气，只剩爬山的劳顿和周遭的宁静。近

早开堇菜 摄影/杨斧

绿带翠凤蝶 摄影/彭博

有"香八拉"（香山——八大处拉练），远有黄草梁，高有海陀山。只是越是偏远越是要求更好的体能，以及相应的露营装备。如果能将徒步穿越与赏花、观鸟结合起来，那就更加其乐无穷了。

要是你喜爱昆虫，那么松山和东灵山山脚的公路两旁就能邂逅不少。豹纹蛱蝶、丝带凤蝶、中华虎甲等应有尽有。当然北京的萤火虫也不太难发现，清华荷花池、北大未名湖、永定河沿河城等地夏秋均能见到。

再到寒冬，躲在暖气片温暖起来的屋子里，翻看本子上的自然笔记，一份美好的回忆，一份入心的牵挂。你是否也期待着来年春暖花开、夏雨滂沱或是满地落叶时，再去山林探望一番老朋友——那些可爱的自然生灵？

秋日穿越 摄影/李海宴

北京的节肢动物

北京的节肢动物有多足类的马陆，蛛形类的狼蛛、蟹蛛、蝇虎等。六条腿的昆虫有黄蜻、碧伟蜓和长得像蜻蜓的长叶异痣蟌。草丛里的"蚂蚱"或"扁担沟"也叫作云斑车蝗、东亚飞蝗、中华蚱蜢。夏夜墙根儿处开起虫鸣音乐会的是北京油葫芦。俗称刀螂的广腹螳会挥舞双刀。被统称为"臭大姐儿"的斑须蝽、麻皮蝽让人打也不是，搽也不是。初夏树干上留下的蝉蜕，可能来自刚出土的黑蚱或大青叶蝉。看上去都是小甲虫，其实里面有中国虎甲、豆芫菁、小云鳃金龟、臭蜣螂和暗绿花金龟。顶着犄角的大天牛，也许是双条杉天牛或光肩星天牛。还有把细小的虫卵用细丝粘在叶子背面的丽草蛉，常被错认为"蜂鸟"的小豆长喙天蛾。更不用说夏日在草叶上翩翩起舞的蝴蝶。常见的是白色的菜粉蝶、小小的蓝灰蝶，在山林中则能看到翅膀上带着飘带的丝带凤蝶，或者硕大美艳令人惊叹的绿带翠凤蝶等。

狼蛛　摄影／彭博

自 然 北 京
无 痕 游

自然并不在遥远的他乡，自然就在此时此地，就在我们的身边！你知道紫竹院的树下、阶前长着什么特殊的野草？天坛的古建筑群里生活着哪些美丽的"精灵"？圆明园里居住着多少种鸟类？还有奥林匹克森林公园里有什么样的野花？麋鹿苑里神秘的主角儿到底有什么特别？

这些散布在北京市内的公园绿地，多在四环、五环以内，搭乘地铁或市内公交线路就能很方便地到达。既适合周末全家出游，也适合半天到一天的短途闲逛。城市绿洲如同散落在水泥丛林里的颗颗宝石，需要有心人去细细品味它们的美丽。

第一章

城市绿洲

奥林匹克森林公园湿地　　摄影/苏文平

城市无痕提示

　　城市公园大都人工化程度较重，所以这些仅存的自然色彩就更加需要我们用心珍爱。

　　在这些公园游览，不必发愁交通，也不用担心服务设施，却往往会因人流过多而烦恼。不仅是周末或假日，就算是平时天气好些的时候，很多公园都是游人如织，甚至摩肩接踵。

　　这种情况下，每个游人对于环境的保护、对于周围一草一木的珍爱，以及对于其他游客的尊重，就会直接影响到体验的质量。因为大家之间的距离太近了，一个人的行为很容易影响到其他人，这就需要游人遵守一些基本的行为准则。

◎ 不要大声喧哗

　　现在很多公园里会有一些练歌、跳舞、练习乐器等活动，但有些人会使用一些声音很大的扩音喇叭，或者在练习时过于吵闹嘈杂，这就对其他游人造成了干扰。游玩时说话虽不必轻言细语，但音量最好保持在让身边人听到就好。至于随身背个扩音喇叭且行且歌的，登到高处喊山的就更不足取了。何况，公园里也是很多小动物的家，太多的噪声会惊吓到它们。

◎ 与野生动物保持距离

　　城市里的麻雀、喜鹊基本不怕人，但大部分野生动物是需要和人类保持一定距离的。很多人喜欢到公园里拍摄鸟儿，欣赏鸟儿在自然界中的自由美丽姿态。但有些人过于追求摄影效果，长枪短炮对着小鸟围追堵截；一味接近而破坏草坪植物。尤其为了拍育雏的鸟窝，过于接近的人类会给亲鸟带来很大压力，时常导致亲鸟弃巢、雏鸟惨死的悲剧。还有用食饵诱拍，恐吓惊扰来拍鸟飞等，都是伤害鸟类的行为。常见的湖边水鸟、林间松鼠、水中小鱼、草丛中的昆虫等，都不应该随意打扰，也不能随意投喂，改变它们的食谱。难得这些自然的精灵还愿意在城里陪伴我们，应该给它们多一些空间和尊重。

◎ 轻装简行

　　尽量减少背包的分量，有些可带可不带的零食、包装食品等都可以不带。带到外面不仅造成身体的负担，也容易制造垃圾。游戏机也最好放在家里歇息。

自然程度 ★☆☆☆☆　　人工环境为主。

偏远程度 ★☆☆☆☆　　交通方便，临近市区。

游客密度 ★★★★★　　游人较集中，有些地方会很拥挤。尤其在节假日，应尽量避免人流过于集中的地方。

管理程度 ★★★★★　　设施完备，有道路、餐饮、广场、厕所、休憩之处等。

平民的公园，皇家的身世

01 | 南国植物北方的家：紫竹院公园

　　说起紫竹院，北京人可能没有几个不知道的。紫竹院作为公园，已经有六十年的历史了，深受市民喜爱。

　　大家都知道，现在北京的很多公园，如颐和园、圆明园、北海、景山等，当年都是皇家地盘，平民百姓是不能光顾的。紫竹院也是这样。紫竹院的身世可以追溯到明代，明万历五年（1577年），这一带建起了庙宇，紫竹院是不远处万寿寺的下院，清代这里又设立行宫和码头，是皇室成员乘船前往颐和园的必经之路，1900年"八国联军"洗劫北京，到辛亥革命后这一带就基本成为一片荒地。新中国成立后，经过修整和建设，公园1954年对外开放。如今的紫竹院仍然在不断地进行建设，希望在建设中依然能保持它自然清幽的一面。

景色宜人的紫竹院　摄影/张冬青

紫竹和紫竹院

紫竹 摄影／张冬青

你知道紫竹吗

　　紫竹院里的竹子数量多，品种也丰富，少说有三四十种，如紫竹、金镶玉竹、玉镶金竹、斑竹、箬竹、铺地竹、巴山木竹，等等。在严寒的冬日，大多数植物都隐藏了绿色，一丛丛翠竹依然显出缕缕生机。

　　"紫竹"这个品种，原产地就是我国，为刚竹属的一种，长到一年以上的老竿会出现紫斑继而完全变为紫黑色。它们紫黑色的竿，衬着翠绿的新枝和竹叶，十分别致。

　　为什么叫"紫竹院"公园，是由于公园里有很多"紫竹"吗？今天的紫竹院里，的确有一些"紫竹"，但都是20世纪七八十年代才开始从南方引种的。如前所述，紫竹院的历史可以追溯到明代，但当时并没有"紫竹"之称，"紫竹"之称源自清乾隆年间，明代所修的万寿寺下院被更名为"紫竹禅院"，"紫竹院"的名称便源于此。

　　见过南方竹林的朋友，可能会觉得紫竹院的竹子看起来不是那么精神挺拔。夏天雨水多的时候还好，干燥和天冷的时候，尤其到了冬季，园里的竹子即使不落叶也会变得比较蔫。是啊，本来绝大多数种类的竹子就不喜欢寒冷干燥，而喜欢温暖湿润的环境。北方公园（包括紫竹院）中的竹子都是从南方引种来的。考虑到北方的气候条件，紫竹院的竹子算长得很不错了。这一方面缘于工作人员的精心培植；另一方面也反映了竹子适应性强的特点，离开了自己温润的故土，还能顽强地生长和繁衍。

　　除了竹子之外，在紫竹院您还可以见到许多其他植物，欣赏它们可以从园门外就开始。公园的东门外有几棵枫杨树，还有元宝枫、国槐和臭椿等。过街桥旁边的是那棵臭椿，高大挺拔，树冠饱满，远远地就能看到。特别是冬天，它的枝条在天空中伸展出硬朗而富于韵律的线条。

　　再说到枫杨，它可既不是"枫"，也不是"杨"，而是胡桃科植物，跟我们熟悉的核桃是近亲。但它"枫杨"的名字也是有道理的，它的花序与"杨"相似，而果实又像"枫"。枫杨不是北京的本土植物，是从南方引种的，但它比较适应北方的生活，生长得壮硕挺拔。

　　沿双紫渠往西南门走，还会遇到枸橘。有个成语叫"南橘北枳"，本义是生长在南方的"橘"，生长在北方则成为"枳"（这样说来，紫竹院的"枸橘"应称为"枳"）。同一种植物但因为生长的环境不同而出现特性上的差异，这种现象在植物中并不少见，表现了植物灵活的一面，虽然没有大脑，但一样拥有智慧。

此外，双紫渠北岸的小山包上，也是多种植物的聚集地，喜爱植物的人们一定不要错过。

梧桐与法国梧桐

说起梧桐，很多人都常常将"法国梧桐"误认为"梧桐"。其实，"梧桐"和"法国梧桐"是两种不同的植物。梧桐也叫青桐，是梧桐科植物，原产我国南方，北京有种植。法国梧桐也叫悬铃木，原产欧洲，中国在清末始有大规模引种。所以中国传统文化中能引来凤凰的梧桐是"梧桐（青桐）"而非"法国梧桐（悬铃木）"。

如何识别两种植物呢？树皮的区别就很明显，梧桐的树皮光滑，从主干到枝条都呈现灰绿色，四季不变，而悬铃木的树皮有很多片状脱落，有淡绿、土黄、灰色等色。此外，它们的叶、花、果实都不相同。在紫竹院公园，梧桐和悬铃木都有，请你去认识一下它们吧。

梧桐（青桐）树皮

梧桐（青桐）叶和果实

法国梧桐（悬铃木）树皮

法国梧桐（悬铃木）叶和果实

摄影／张冬青

17

绿头鸭　摄影／李强

人工小岛　摄影／张冬青

动物园的后院，鸟儿的港湾

紫竹院也是一个能吸引各种鸟类的小小城市绿洲，可以看到各种城市常见鸟类。不那么怕人的麻雀、喜鹊、灰喜鹊早把这里当成了家，啄木鸟、白头鹎（bēi）也很喜欢这里。而在鸟类迁徙的春秋季节，更有红胁蓝尾鸲（qú）、红喉姬鹟（wēng），各种柳莺在这里歇脚觅食。特别是它的那片水域，还能吸引不少水鸟前来，比如鸳鸯、野鸭、小鹛鹛。此外，像斑头雁、孔雀等，时不常从相邻的北京动物园飞过来"串门"。有时能邂逅大群的燕雀，它们白天去郊区取食，夜里回紫竹院竹林过夜，偶尔去动物园"串门"洗个澡。

大雁守护者的故事

20世纪90年代，一对大雁相中了环境清幽的紫竹院，来此筑巢产卵。但不幸的是，连续几年它们的卵都遭遇人为的厄运。1997年的春天，它们再次来到这里。一群热爱自然的年轻人决定行动起来，保护大雁繁衍生息。他们整整一个月，不分昼夜，轮班默默守护着大雁。终于，大雁夫妇在这一年第一次迎来了儿女们的破壳！这件事在当年产生了不小的影响。此后，紫竹院再没有发生过恶意伤害动物的事件。

如今，在那些年轻人曾经守护过的湖面上，已经筑起了一座人工小岛，成为水鸟在紫竹院的家。

实用信息

紫竹院公园是一个免费公园。园内各种便民设施齐全，休息处、卫生间、小卖部等分布全园，还免费供应开水、出借雨伞等。

"笔记大自然" —— 心灵与自然的对话

自然笔记 摄影/张冬青

不管你是否知道花草鸟兽的名字，都不会影响你发现和欣赏它们的美。但要认识和了解它们也真不容易，要付出很多心血和时间。有些人觉得认植物和认鸟太难了，总也记不住，刚才看到的一种植物，换个地方就不认得。主要是太急于知道名字，而忽略了对它们特征的观察和记忆，而特征才是进行识别最重要的基础。

怎样才能真正把握住特征并记住不忘呢？只有仔细而用心地观察。有一些方法可以帮助你更好地观察，比如绘画。对于促进观察，绘画有不可取代的作用，即使摄影也取代不了。照片可以回家在电脑上反复地看，但也很可能错过一些重要的细节，比如花萼的姿态，枝条的棱角。而绘画则能将更多细节呈现在你眼前，当你描绘一朵花时，必须仔细看才能画好。所以观察和绘画是相互促进的。一旦（认真地）画过什么，就很难再忘记，在哪里遇到它都能认得出。

此外，绘画的过程还包含更丰富的内容，比如微风拂过脸颊，小鸟在歌唱，一只小瓢虫躲在花瓣后面，一只好奇的小狗过来看热闹……这些都是弥足珍贵的体验。

有人会说："我不会画，画不出来。"其实，画画只是形式，目的是帮助你认识自然，感受自然，并最终形成一种习惯，不论何时何地，都能自然而然地去感受，去珍惜。希望读者朋友能够拿起画笔，以绘画的心境，绘画的眼光，去细致入微地观察和体会，一定会有所收获的。

绘图/张冬青

19

自然程度 ★☆☆☆☆ 人工环境为主。
偏远程度 ★☆☆☆☆ 位于市区，交通方便。
游客密度 ★★★★★ 游人较集中，有些地方会很拥挤。尤其在节假日，应尽量避免人流过于集中的地方。
管理程度 ★★★★★ 设施完备，有道路、餐饮、广场、厕所、休憩之处等。

天人和谐的世界遗产···天坛

02

天坛作为世界文化遗产名录中的珍宝，不仅是因为它恢弘优美的建筑群，更是因为它是人与自然和谐关系的体现。1998年世界遗产委员会评价说：天坛无论在整体布局还是单一建筑上，都反映出天地之间的关系，而这一关系在中国古代宇宙观中占据着核心位置。

苍柏古树

环绕殿坛的古柏林，是古代东方"天人和谐"生态观的集中体现，是文化遗产中不可或缺的珍贵实例。这片古柏林围绕在祈谷和圜（huán）丘两坛之间，形成了天坛中轴线上一段苍翠浓绿的景观。如果从圜丘出发，顺着漫长笔直的白色路面前行，远处的祈谷坛尖顶始终将视线牵引向高远的苍穹，路两边则伴随着虬曲苍劲、高耸入云的古柏。翠叶青针迎风飒飒，营造出庄严肃穆的独特美感，是天坛独有的动人风景。

古柏林　摄影／要旭冉

二月兰 摄影/晏旭冉

刺猬 摄影/高翔

天坛古柏林有4000多株，树龄多有几百年以上，大都种植于明朝。其中最老的几株树龄可达800余岁，植于金代。这些被岁月风霜无情雕琢的枝干，依然在今天呈现片片新绿，撒播着阵阵清香，一如它们当初被植下时一样，默默守护着一方水土，既陪伴着古老的殿堂庙宇，也为生长在周围的昆虫鸟兽提供栖身之所。古柏林中的每一株古树，都是不可替代的珍贵文物，同时也是撑起那张看不见的生命之网的巨擘。

柏树是北京很常见的本土树种。因为柏树四季常绿，姿态挺拔，寿命长，而且枝叶有香气，古人赞颂柏树为"百木之长"，所以柏树经常被种植在各类寺庙、殿堂、皇家园林中。除了天坛的古柏林以外，北京的很多园林、宫殿、寺庙内都能见到古柏树。甚至有些地方的建筑已经荡然无存，当年植下的古柏却依然挺拔坚毅。以古柏为代表的这些北京古树，每一棵都是我们这个城市不可替代的宝藏。

柏树，也有种类之分，祈谷坛周围种植的多为侧柏，圜丘坛附近的则多为桧柏。天坛的古树都有自己的身份证，两百年以上的古树树干上挂着红色标牌，两百年以下的挂着绿色标牌。

这里不仅有古老的苍松巨柏，近代园中又陆续栽种了银杏、白杨、油松、榆树、元宝枫、白蜡、核桃树、杜仲、皂荚、栾树等各种树木6万余株。林下则采用了粗放式的自播野花种植方式。早春3月二月兰开花，到了5月中旬，委陵菜相继开放。天坛外坛也保留了很多杂草。

大量的树木还为野生动物提供了良好的庇护所和食物，吸引了大量鸟类和小型哺乳动物，如：花鼠、黄鼬（黄鼠狼）、刺猬等在此生存繁殖。

侧柏、圆柏、刺柏

侧柏、圆柏和刺柏都属于柏科常绿木本植物，树体外形很像，远观一般难以辨别，但细微之处有很大差别，可以从叶子形状上将它们区分开来。

柏科植物叶片分两种，鳞片状或刺状，侧柏的叶全部为鳞片状，先端微钝，两面均为绿色。圆柏又称桧柏，叶有两种，鳞叶多见于老树或老枝上，刺叶常长于新枝。刺柏的叶则全为刺形。

侧柏 摄影/李海燕

圆柏 摄影/杨斧

刺柏 摄影/李海燕

21

危机中的长耳鸮

自然之友野鸟会从2003年开始对天坛鸟类开展调查，发现长耳鸮的数量近年来呈持续减少的趋势，由一开始二十多只减少到2013年初不足五只，原因有二：

一是食物越来越少。长耳鸮的主要食谱是鼠类。随着北京市公园内鼠药的不断投放和增加，长耳鸮成为最终受害者。从近年发现的一些吐余成分来看，里面很少有鼠类的残余，反而多为蝙蝠、麻雀的骨头。

二是人类干扰了长耳鸮的正常生活。有些急功近利的拍摄者，为了追求拍摄到长耳鸮大睁双眼的镜头而对它叫喊、拍巴掌、播放长耳鸮天敌的叫声。甚至还有人为了让白天根本不会轻易起飞的长耳鸮"表演飞行"，投去石头、木棍等。另外，也有一些犯罪分子，想要捕捉长耳鸮而用气枪射击。

长耳鸮　摄影 / 高翔

世界文化遗产中的自然精灵——鸟儿

由于天坛公园独特的环境，公园中有大量鸟类常年在此生存繁殖，每年春、秋两季还会有大量迁徙过境的鸟把天坛公园作为迁徙途中的驿站。

在天坛公园西北外坛，曾经有一片北京市园林学校的封闭基地，当年为了考核学生植物识别，在这里栽植有大量的园林树木，尤其以灌木较为集中，还有34株古树。经过多年的管护，虽然看起来杂乱，却生境良好。这片区域以前较少人为干扰、茂密的树丛使得这里成为鸟类的天堂。每年春秋两季有大量迁徙过境的鸟类在此短暂停留，其中不乏罕见鸟种。不过自2013年起这里将纳入天坛公园整体规划统一管理，并对这片苗圃进行适当改造，建立面向游客开放的生态科普中心。

"鸟儿的天堂"也会面临威胁。每当迁徙时节，就有一些非法捕鸟、贩鸟的人偷偷潜入，在公园各处张网捕鸟。这是一种非常残忍的行为。差不多每一只出现在市场的野生鸟类背后，都会有五只到十只已经在捕猎、运输过程中被残害致死的鸟。如果看到这样的现象，可以尽量制止，或马上拨打北京森林公安电话010-84286119报警。

◎ 古树将军长耳鸮

　　圜丘坛北侧和东侧是天坛公园古树密集的地方，也是长耳鸮每年冬天都会来的地方。长耳鸮作为天坛公园一个标志性的鸟种，吸引了许多慕名前来的鸟友。

长耳鸮　摄影/高翔

　　长耳鸮的样子非常符合一般人对于"猫头鹰"的认知：大大的脑袋，扁平的大脸，面盘上炯炯有神的大眼睛，钩形的利嘴埋在面部的羽毛中。脑后一对毛茸茸的"耳朵"，其实是两簇直立的羽毛，帮助它在夜间搜寻最细微的响动。也许是它的眼神过于专注，兼身材圆胖一动不动，威风凛凛中又透出些许木讷呆滞，所以北京俗名也叫"木兔子"。

　　长耳鸮是冬候鸟，每年冬季11月会从遥远的北方飞到天坛来落脚。大概到次年4月初春，又会飞回老家繁殖。所以冬季天坛观鸟的主角，就是这些威武雄壮、既猛且萌的生物。

　　白天长耳鸮会找一处茂密的树冠把自己隐藏起来，主要的隐身工具就是它那一身的羽毛，紧贴树干时能很好地与环境融为一体。白天它们基本处于休息状态。经常三五成群，蹲在树枝上，偶尔转转脖子，或眼睛睁开一条缝，对于树下指指点点的观鸟人视而不见。

　　长耳鸮选择白天栖息地点时往往非常精确而固定，甚至固定到某一树枝，一旦确定了一棵树，如果没有特殊原因，会一直待到整个越冬季的结束，而且第二年往往还能在同一处找到它们。所以天坛古树的意义，对于长耳鸮来说也是非常重要的。

红嘴蓝鹊　摄影/宋晔

◎ 守护红嘴蓝鹊

　　百花园中的红嘴蓝鹊，每到6～7月的繁殖季节，都牵动着爱鸟人的心。小红嘴蓝鹊刚出巢时面临各种各样的危险，有时从树上摔下来，面临野猫的攻击，还有游人想把它们捡走，不过也有许多爱心人士在守护，保护它们茁壮成长。

楼燕　摄影 / 李强

雨燕，北京的夏候鸟

　　无论在紫禁皇城、前门楼子，还是寻常巷陌、农户屋檐，都不乏燕子的身影。燕子是大家熟悉的鸟类，包括雨燕目的各种雨燕和雀形目的家燕等。

　　全球有96种雨燕，中国有10种，北京地区三种：北京雨燕，亦名楼燕；白腰雨燕，亦名白尾根麻燕；白喉针尾雨燕，亦名山燕子。属于雨燕目的还有金丝燕，分布在南方沿海，遗憾的是，它们用唾液杂以海藻筑成的巢，常被人们叫作"燕窝"而受到"青睐"，以致"惹祸伤身"。

　　雀形目燕科的燕子全球达90种，我国有12种，北京地区占一半，它们是：家燕，亦名拙燕；岩沙燕，亦名土燕；毛脚燕；金腰燕，亦名巧燕；岩燕，亦名石燕。

　　不仅仅在北京，全国各地的各种燕子，都是南北迁徙的候鸟，春来秋往，定时守信。千百年来，我国浩如烟海的文学作品及民间传说，与燕子有关的内容比比皆是。

◎ 守信的雨燕

　　北京雨燕又名楼燕，因为它们常在城楼、古塔等古建筑上筑巢而得名。此外雨燕还是世界上飞得最快的鸟类，北京奥运会吉祥物福娃妮妮的设计灵感就是来源于它。它们每年夏天都会来到北京，在天坛公园的斋宫、神厨、宰牲亭附近常能看到它们镰刀状的身影。目前每年夏天来到北京的楼燕数量不超过3000只，它的数量也是北京市生态环境的一个风向标。

◎ 难得一见的山斑鸠

　　祈年殿的西侧是一片铁栅栏围起来的古树林，每年冬天都会有一些山斑鸠来到这里，一般来说山斑鸠是生活在山林中的，城市中很少见到，为何偏偏选中了天坛公园祈年殿西侧这一小片区域？谁也说不清楚。

◎ 守候戴胜繁殖

　　每年春天都有好几窝戴胜在公园中繁殖。它们的巢在树洞里，成鸟忙着飞来飞去寻找食物哺育幼鸟。当幼鸟长大一些，

祈年殿西侧古柏林中的山斑鸠　摄影 / 李强

正在哺育幼鸟的戴胜　　摄影/千年猫

它们会从树洞中探出头来，看到爸爸妈妈带着食物飞回来，它们焦急地张大嘴巴。

　　古建筑是天坛最重要的历史遗产，古树以及生活在这里的野生动物，包括代代相守的鸟儿们，也已经成为天坛的一部分，都是我们应该传承下去的重要遗产。希望有越来越多的伙伴一起来关注这些世界文化遗产中的自然精灵。

实用信息

　　天坛位于市区，交通极为便利，地铁和多条公交线可达公园东、南、西、北四个大门。公园周边餐饮设施丰富。

自然程度	★☆☆☆☆	人工环境为主。
偏远程度	★☆☆☆☆	交通方便，临近市区。
管理程度	★★★★★	游人较集中，有些地方会很拥挤。尤其在节假日，应尽量避免人流过于集中的地方。
游客密度	★★★★★	设施完备，有道路、餐饮、广场、厕所、休憩之处等。

沧桑遗址焕生机：圆明园

03

提起圆明园，通常人们将它视为一座历史文化名园，它见证了沧桑屈辱的近代中国历史。而如果换一个角度，从生态视角看，圆明园的命运也是北京海淀地区生态环境变迁的一个缩影。

海淀湿地的变迁

◎ 沼泽变良田

今天大家提起海淀，可能会想到高楼大厦、高校云集、川流不息的马路和拥挤的人群。但就在几十年前，海淀还是一个遍布池塘、河道，有着种种郊野田园风光的乡村。

在过去，西山群峰植被葱茏，山脚下的平原地区流泉遍布，在低洼处汇成大大小小的湖泊池沼。"水所聚曰淀"[1]，这就是"海淀"的前身。现在海淀很多地名也和水有关，如万泉庄，如原名"八沟"的巴沟，又如原为种植染料的湿地蓝靛厂。

秀美的山峰，加上丰沛的水源，北京地区是个适宜农耕的地方。可惜燕地历来战祸频繁。直到明代之前，现在海淀的大部分地区都是"蛮荒沼泽"。明代定都北京之后，大力推广垦荒。海淀的大片湿地渐渐变为荷塘、稻田。

① 引自明代蒋一葵所著《长安客话》。

福海　摄影/安妮

玉泉山下成为著名的京西水稻主产地，这里的稻米由优质泉水灌溉，米粒晶莹透亮，被选为进贡皇家的"御稻"。据说由玉泉山泉水灌溉的稻米颜色呈淡绿色。可惜随着泉水的枯竭干涸，曾经的传说已无法证实。

因为湿地的滋润，海淀不仅有千顷水田，也吸引了历代富家和帝王在此修建园林。从明代最早的清华园（今北大西墙外）开始，建园的风潮在清朝达到鼎盛。经过清代几位皇帝150年的接力营造，最终形成了"三山五园"①的经典皇家园林景观。曾经蛮荒的沼泽变为一望无际的碧绿水田，围绕着秀美的山丘，宫殿亭楼此起彼伏，形成一派北方江南的景色。

近代史上两次"火烧圆明园"，不仅仅烧毁建筑、园林、文物等可见的珍宝，留下令国人心酸的屈辱记忆，也对海淀湿地生态系统造成严重破坏。

与圆明园一同衰落的，是周边的海淀湿地。晚近以来，由于过度开采，华北地区的地下水位下降严重。同时因为上游植被破坏、土地硬化、城市扩张而造成水源枯竭，更使海淀湿地几乎消失殆尽。由于缺水，水稻种植也已从京郊大地消失。除了保存下来的几个园林和大学内尚存的湖泊水面，海淀早已不复"万泉十里水云乡"的景象。

---

① "三山"为香山、玉泉山、万寿山，"五园"为畅春园、静明园、静宜园、清漪园、圆明园。

什么是"海"

在北京，"海"并不是大海的意思，而是指湖泊。"海淀"的"海"是如此，北海、什刹海、中南海也是如此。传说这样的用法源自北方蒙古族。来自草原的人们把湖叫"海子"，迁徙到北京后依然沿用，所以北京的很多湖都叫"海"。

圆明园　摄影/吕军

"万园之园"

圆明园是海淀历史名园中被称为"万园之园"的瑰宝。它是清王朝倾全国物力，集能工巧匠修建而成。直到焚毁之前，这里都没有真正完工。圆明园之水发源于玉泉山，水域面积占全园一半。经过不断的人工干预，这里的环境是脱胎于自然而又依赖于人工治理的结合。

圆明园经历"火劫"之后，因常年无人看护，不仅建筑、石材被拆卸一空，更被进驻盖屋、填湖种地。在2002年圆明园遗址开始大规模修复之前，有将近一半的面积已变为农村、工厂，甚至垃圾场。

◎ 劫后余生的圆明园

现在我们看到的，是劫后余生的圆明园。虽然暴风骤雨式的破坏让"万园之园"成了"遗址"，而大自然的力量却通过时间的刻刀，慢慢赋予沧桑遗址新鲜的容貌。

现在的圆明园遗址公园已不再是断壁残垣、衰草枯杨，而是日均客流量几万人的热门旅游景点。在这占地350公顷的公园里，水面面积达到140公顷。经过多年来自然演替，园内形成了丰富多样的本土植物群落，为各种野生动物创造了适宜的栖息生境。

在一些多水潮湿的小环境里，为两栖爬行动物的生存提供了可能；亲自然的水域、苇塘招引来许多小型水禽；大面积的灌草丛、荒丘和古建废墟草地是昆虫的最爱，自然也成了食虫、食谷的鸟类的乐园；还有大面积的人工林，意味着有大量树栖鸟类；荒丘、低湿地，让喜爱潮湿环境的小型兽类可以安家。

现在，多样的物种又造就了一个生机勃勃的圆明园。生命的力量，是给凭吊者最好的抚慰。

当今的我们，需要一个什么样的圆明园？争论似乎一直不曾停歇。如果把景观背后生态系统的生命力也考虑进去的话，那么遵从自然规律，接受一个雨季水草杂生，旱季泥塘见底的自然湿地就是好的。让我们跟随自然之友野鸟会的脚步，走一条完全体现圆明园自然之美的路线——观鸟游。这条路线很适合周末一日休闲，也适合带孩子亲近自然。

珠颈斑鸠　摄影/宋晔

◎ 观鸟游攻略

鸟儿选择息处，考虑的是有没有食物和水，是否安全；能不能找到伴儿，能不能养育后代，也就是生态学所说的"生境"，又叫"栖息地"。

从2002年开始，自然之友野鸟会就在进行圆明园生物多样性调查，清晰勾画出圆明园湿地生境的现状。哪里住着"老居民"，哪里新搬了"外来户"，谁家添了丁，谁搭了新窝，都逃不过他们的眼睛！

选择一个适合观鸟的早上，带上望远镜、图鉴、帽子、水壶……最重要的是，试着用自然观察者的眼光，来欣赏圆明园的自然之美吧。

陆禽

特征：包括鸡形目和鸽形目的所有鸟类。它们经常在地面活动。其中鸽形目的鸟类嘴短而翅长，善于飞行。鸡形目的鸟类不善于飞行，但腿脚强健，适于在陆地奔走。

代表种类：雉鸡、珠颈斑鸠、灰斑鸠、石鸡、鹌鹑等。

观鸟路线　制图/汪周

凤头鹏鹏 摄影/吴秀山

游禽

特征：善于在水中游泳或潜水的鸟类，从水中淘取鱼虾、小虫为食。喙多为扁状或钩状，爪间有蹼。

代表种类：大天鹅、绿头鸭、鸳鸯、小鹏鹏、普通秋沙鸭等。

冕柳莺 摄影/李强

鸣禽

特征：多栖息于林中，善于发出婉转动听的鸣叫。在地面活动时，大都跳跃而不善于步行。食性多样，有的以昆虫为主、有的以植物种子为主。很多小鸟属于此类。

代表种类：柳莺、画眉、大山雀、喜鹊、树麻雀、金翅雀等。

◎ **起点：圆明园南门**

◎ **第一站：鉴碧亭——初识水鸟**

进入圆明园南门后向西北100多米碧湖之中，即为鉴碧亭。 这里环湖生长着柳树、杨树，水里生长着荷花、莲花、菖蒲等水生植物。大部分游人匆匆而行。停下来仔细看，在树梢枝头，在水草深处，有没有发现一些鸟儿的身影？ 如以小鹏鹏、鸳鸯、绿头鸭为代表的游禽？

◎ **第二站：涵秋馆遗址——观看林鸟**

出鉴碧亭向北200米有一片小土坡，上面长满了金银木等各种小树，这里是涵秋馆遗址。作为绮春园中四季景观中的秋景，这里曾经种植了多品种的菊花，栎类、槭树等植物来渲染秋季景观。现在这里可以见到多种林鸟，比如：各种山雀、柳莺、啄木鸟、斑鸠、金翅雀等。

◎ **第三站：凤麟洲遗址——水鸟的家**

涵秋馆的东面隔路相望的即是凤麟洲。它由大小二岛组成，如今只能看到基址掩藏在一片草地之中。九曲仿木桥为1992年新建。和鉴碧亭一样这里也是水鸟为主，林鸟为辅，这里夏天有各种燕子、鹭鸟、鸭子、黑水鸡、白骨顶、池鹭、绿鹭等；秋天有山雀、鸦雀、金翅雀、鹀（wū）等鸟类。

◎ **第四站：思永斋遗址——迁徙季的落脚处**

凤麟洲出来向北出绮春园，进长春园过小桥，进入南邻湖水的一片小树林，这里就是思永斋遗址。这里的树林掩映下存有大量叠石和柱础等遗迹。在迁徙季节林鸟鸟种比较丰富，有厚嘴苇莺、黑尾蜡嘴雀、锡嘴雀、虎斑地鸫等，雨水大的时候间或有一些水鸟，针尾沙锥、黄斑苇鸭（jiān）、鸳鸯等。

◎ **第五站：玉玲珑馆——湖心岛的聚会**

如今的玉玲珑馆是一处四面环湖的风景园林，南面还有一个小树林，这里的生境很适于鸟儿生存。由于湖心岛与岸隔

大斑啄木鸟　　摄影/徐越平

凤头蜂鹰　　摄影/李强

攀 禽

特征：它们的脚趾两个向前，两个向后，有利于攀缘树木。取食的种类和方式各有不同，有的以空中飞行捕食昆虫为主，如雨燕；有的则以树上的昆虫幼虫为主，如啄木鸟；有的可以从空中钻入水中抓捕鱼类，如翠鸟。

代表种类：啄木鸟、杜鹃、戴胜、普通翠鸟、雨燕。

猛 禽

特征：鸟类中的顶级消费者，以其他鸟类及小动物为食。包括隼形目和鸮形目的所有鸟。它们嘴强大呈钩状，翼大善飞，脚强而有力，趾有锐利钩爪，性情凶猛善于捕猎。因处于食物链顶层，大部分猛禽都面临生存的危机。所有猛禽都是国家级保护动物。

代表种类：雕、隼、鹰、鸢（yuān）、鸮、鵟（kuáng）等。

绝，鸟儿不易受干扰，因此这里林鸟、水鸟鸟种都很丰富。在这里有机会见到各种鸭子、潜鸭、鹭鸟、黑水鸡、鹡鸰（jí líng），林鸟有珠颈斑鸠、戴胜、太平鸟、黄腹山雀等各种山雀，以及黄喉鹀（wū）、栗鹀等各种鹀；红喉姬鹟（wēng）等各种鹟；还有红胁蓝尾鸲（qú）、北红尾鸲等。

◎ 第六站：狮子林遗址

狮子林位于玉玲珑馆北部，沿湖南岸的基石掩映在一片小树林之中，每到迁徙的季节都会有很多摄影爱好者在此蹲守，专门等待各种候鸟的出现。

这里有紫背苇鳽、黄斑苇鳽、灰头麦鸡、白胸苦恶鸟、蓝翡翠、蓝歌鸲、蓝喉歌鸲、东方大苇莺等；冬季有斑鸫、赤颈鸫、燕雀；猛禽迁徙季节里猛禽种类也不少。

◎ 第七站：方壶胜境遗址——东北角的秘境

　　海岳开襟的西北就是方壶胜境，整个景区建在福海东北角的港湾内，据史料记载方壶胜境曾有苍松翠竹，如今是一片灌木。这里迁徙季节鸟种丰富，有机会收获三宝鸟、乌鹟、北灰鹟、暗灰鹃鵙（jú）、黑卷尾、煤山雀、棕头鸦雀、小太平鸟等；还会有猛禽（雀鹰、普通鵟）、鹭鸟（白鹭、池鹭）等从眼前飞过。

◎ 第八站：九州后湖——被打扰的乐园

　　出方壶胜境往西南方向走几百米就是九州后湖景区。经过百余年的自然演替和人工种植，这里树木最多时可达近百万株。种类之多，植被之密，北京市内的森林找不出第二例。因此，动物的多样性也非常丰富，这里有一些其他地方见不到的鸟种，比如：冠鱼狗、大麻鳽、小杓鹬等。夏天我们可以看到满天飞舞的燕子忙着衔泥筑巢。

涉 禽

　　特征：生活在水边，嘴、颈、脚都很长。适于涉水行走，不适于游泳。休息时常一只脚站立。大部分是从水中、泥中或地面获得食物。食物以鱼、虾和昆虫等动物性食物为主，也吃植物的芽、根和果实。

　　代表种类：黑水鸡、灰鹤、白鹭、金眶鸻（héng）、大麻鳽、白腰草鹬（yù）等。

大白鹭　摄影／颜晓勤

可惜的是最近两年由于九州后湖景区扩建，砍伐了一些树木，每年又全部割掉灌木和野生杂草，导致依赖这些生境的鹀类和棕头鸦雀等小型鸟类的数量急剧下降。早年是大片成群的各种鹀，现在只是零星可见，明显稀少了。如果人工建设和砍伐不过度，给鸟类留下部分生存空间的话，这里将会给人们带来更多的惊喜。

◎ **第九站：福海——游船与水鸟此消彼长**

从九州后湖景区往东就是福海景区，福海位于圆明园的中心地带，是园内最大的水面。史料记载，每到端午佳节此处都举行大型龙舟竞渡活动。农历七月十五日夜，清帝于此观赏河灯；冬日结冰后，皇帝乘坐冰床在福海赏游。所以福海实际上是圆明园的水上娱乐中心。

在没有游船的时节，这里可以观水鸟，各种鸭子、鹭鸟、海鸥、天鹅等，天上还有猛禽。但每年5月开始有游船后，水面上不再有鸟了。

◎ **第十站：夹镜鸣琴——嘘，有翠鸟哦**

夹镜鸣琴位于圆明园福海南岸，是圆明园四十景之一。如今的夹镜鸣琴仅仅是一个小湖连带一个小水渠，植被依然茂盛，游人相对较少，有些拍鸟发烧友常在这里蹲守。这里可见到普通翠鸟、四声杜鹃、夜鹭、戴菊、白喉矶鸫、蓝歌鸲、红胁蓝尾鸲，各种山雀、柳莺、啄木鸟等。

从春泽斋继续往南，就到了澄心堂，东南就是正觉寺，可以出圆明园，结束这趟观鸟之旅。

实用信息

交通便利，多条公交和地铁可达圆明园南门或东门。园区较大，区域内有收费的电瓶车服务。

圆明园鸟类群落

自然之友野鸟会圆明园鸟类调查显示，所记录的鸟类中，迁徙鸟类198种，占79.12%；留鸟41种，占16.47%；迷鸟3种，占1.20%；逃逸或放生鸟8种，占3.21%。表明圆明园遗址公园是迁徙鸟类的重要停息地。而54种夏候鸟也占到北京夏候鸟（104种）总数的一半以上。足见圆明园遗址公园是鸟类的重要栖息地，圆明园遗址公园鸟类群落的多样性指数夏季要比冬季高，全年均匀度指数基本没有变化，这应该与夏季圆明园内有丰富的水域生态环境有很大的关系。

圆明园的生物多样性丰富度是北京市区其他公园所不具备的，为城市鸟类提供了宝贵的栖息地。人工干预少的情况下，圆明园可以保持其生机勃勃充满野趣的风貌，而频繁的整治和过度的建设，只会使其多年形成的自然生态系统遭到破坏。

扩展阅读▶

做个细心有爱的观鸟人

观鸟（Bird Watching）这种户外休闲活动，是指在自然环境中借助望远镜等工具对野生鸟类的觅食、鸣叫、筑巢、飞翔等行为进行观察和欣赏，并应用一些鸟类生态学和分类学知识，借助鸟类图鉴对看到的鸟种进行物种识别。观鸟在欧美等发达国家和地区已经有200多年历史了，中国大陆群众性有组织的观鸟活动始于1996年9月，首倡者自然之友观鸟组当时才百十来人参与。短短的十几年，全国各地观鸟活动已经蓬勃发展起来。

去野外观鸟首先需要一本图鉴。《中国鸟类野外手册》（湖南教育出版社）可作为基本工具书；自然之友编写的《北京野鸟图鉴》（北京出版社）对于在北京观鸟具有针对性。

望远镜是观鸟的基本工具，以7~10倍观鸟用双筒望远镜为佳。一支队伍中往往也需要有一至两台单筒望远镜。不少人还配备带有长焦镜头的数码相机拍摄照片。不过并不是说，一定要拥有高级设备，你才能加入观鸟人的行列。爱鸟，而不是长焦镜头，才是做个观鸟人必须具备的。观鸟，是依靠辨别鸟的鸣叫特征、飞翔姿势、外形和羽色等，从环境中识别鸟种和位置的。这是观鸟活动具有的挑战性，也是其魅力所在。给鸟定位之后，望远镜、照相机等设备才派得上用场。甚至有的资深观鸟人只观不拍，他们更注重细致的现场观察和欣赏，认为留在脑海里的才是最好的。

◎ 注意事项

不干扰鸟类的正常活动是观鸟的重要前提。

服装：不要穿红、黄、橙、白等颜色鲜艳的服装，尽量选择与自然环境颜色近似的衣服。

举止：动作轻缓，不要高声叫喊或聊天，不要用手直指鸟的方位。

少数人为满足自己，不惜残害鸟儿。个别人为拍鸟悬停的画面，向鸟儿抛诱饵，鸟儿飞过去怎么也啄不下，害得鸟儿长时间悬停，浪费了大量宝贵能量。有时鸟儿甚至连线一起吞入肚子里，受到更严重的伤害。有的人为拍到群鸟齐飞的场景，投掷石块惊吓驱赶鸟群。观鸟人首先是爱鸟的人，这类行为尤其不可接受。

观鸟 摄影/徐越平

自然程度 ★☆☆☆☆	人工环境为主，有贴近自然的设计。	
偏远程度 ★☆☆☆☆	交通方便，临近市区。	
游客密度 ★★★★★	游人较多，但不会到拥挤的程度。	
管理程度 ★★★☆☆	设施完备，有道路、餐饮、广场、厕所、休憩场所等。有些地方可以支帐篷。	

通往自然的轴线

04　美丽的都市郊野：奥林匹克森林公园

　　沿北京城中轴线向北，会发现这条美丽的轴线延长出了内城，穿过人口稠密的市区，经过奥运建筑鸟巢和水立方，到达了北五环一片12平方千米的广阔绿地——奥林匹克森林公园。在这里，延长线的终点由大片草地、花田、湖泊、树林、步道所环绕，所以也被称作"通往自然的轴线"。

　　奥林匹克森林公园是市民休闲、运动、踏青的热门场所。北京人习惯简称它"奥森"。

　　贴近自然的整体规划，让奥林匹克森林公园在北京市众多市区公园当中独树一帜。看不出清晰水岸边界的湿地湖泊，水中拉拉杂杂长着芦苇，和一般公园里水泥铺底砌岸的池塘是那么不同；不那么规整的树林、星星点点野花盛放的草地，比起方阵一样整齐单一的林子、"禁止踩踏"的娇贵草坪给人的感受大不一样。

　　公园的设计理念以"自然"为主题。这个理念的表达开始于公园之外。如果乘坐地铁8号线到达这里，就可留意一下这个以自然为设计元素的地铁站。

　　在公园的建设过程中，有很多"生态与绿色设计"。如南园的主要景观"仰山"与"奥海"，据说是根据中国传

北京中轴线仰山坐标点　　　摄影／张冬青

小村变公园

奥林匹克森林公园所在的位置，曾是朝阳区洼里乡。随着公园的建设进程，洼里乡也永远地从地图上消失了。洼里乡的历史可以追溯到明朝，最早因地势低平被称为"洼子里"。此地曾因多发大水，所以修了座龙王庙镇着，供周围百姓烧香供奉（现为公园管理处办公室）。洼里的"洼"字，还有龙王庙的历史，都说明这个地方与水有密切关系。这里曾是海淀众多湿地和浅塘的一部分。直到拆迁之前，村里依然有种植京西水稻的传统。

京西水稻是北京地区特有的水稻品种，清代曾作为"贡米""御稻"进奉给皇宫。下图为摄影师赫达·莫里逊（Hedda Morrison）在1940年前后所拍摄的颐和园一带景色，可以看到大片连绵不绝的水稻田。

奥林匹克森林公园地铁站　　摄影/张冬青

统自然山水景观的设计理念。奥海是一个人工湖，仰山也是人工搭建的，施工时使用了地铁建设、鸟巢、水立方等地挖出的土立方作为填筑材料。

生态公园

奥林匹克森林公园非常适合全家出游，是个能让上班族换个心情，能让老人家安闲踱步，也能让城里孩子"放风"和"撒欢儿"的场所。园内地方广阔，就算周末及节假日，也不会有市内公园人头攒动的盛况出现。很容易就能找到一处相对安静闲适的场所。无论是散步、跑步、骑四轮脚踏车、野餐、打球、游戏、跑跑跳跳……这里都能满足。

对长跑和健走爱好者特别有吸引力的是，公园修建了跑步专用道。这条红色塑胶跑道是国内首个城市公园健身跑道，全长18千米，分为10千米、5千米、3千米不同距离，已经成为京城健走长跑者的圣地。园区内纵横交错的便捷小径为喜爱天然趣味的游人增添了不少探索的乐趣。

公园内水域广阔，虽然是人造的湿地，但和一般公园的人工湖也完全不同，景观风貌带有天然野趣。湿地水源来自于城市污水系统提供的中水，经过人工湿地的层层净化。

公园内红色的跑道穿越全园　摄影／胡卉哲

这里的树林草地可以搭帐篷　摄影／胡卉哲

孩子们在大自然中自由探索　摄影／张冬青

湿地沉降　摄影／苏文平

由于湿地面积大，周围植物群落丰富茂盛，这里成为观赏水鸟的好地方。常见到绿头鸭、小鹇鹛、白鹡鸰等。由于生物量丰富，周围树丛里偶尔还能见到刺猬、黄鼠狼、秧鸡等小动物。

在南区的西南部腹地，有一片较小的湿地水面，由"潜流湿地""水下沉廊"和"叠水花台"三部分景观组成。顺着木质廊道的引领，游人可以穿过一片长满挺水植物的湿地，并逐级下降，从湿地中间穿过。透过廊道两侧的玻璃，可以看到水中的绿藻、浮萍，以及游弋其间的小鱼。这里也是最受游人们欢迎的景点之一。

公园的紫花苜蓿　摄影/胡卉哲

四季花海

奥林匹克森林公园的花花草草，多彩多姿而分布随机、自然，随四季的变换，呈现出一幅幅生机盎然的景象。这种接近天然的效果，源于使用了"喷播"技术播种——即将野花种、草籽等混合到泥土和肥料中直接喷到土地上——代替草卷式草坪，因而将众多本土野花植物普及园内。这样既节省了养护成本，也营造出丰富多彩的四季生态。

这些花花草草很快"霸占"了公园的大片土地，成为这里的主人。最早出现的是粉紫色的二月兰，5月后绿草地上星星点点的金黄色蒲公英，接下来由淡淡的苦菜花占领整个山丘。6月出场的紫花苜蓿，黄色的草木樨，还有盛放的油菜花成为主角。但是坚持最久的，则是从夏季绽

夏日荷花别样红 摄影 / 苏文平

放到深秋的向日葵、金鸡菊、黑心菊、波斯菊等。这里没有名贵的花草，但胜在这如同自然的野火般自由生长的小花、小草。还有那些特意引种的本土"杂树"，荆条、山桃、山杏、馒头柳……在茂盛的花期，这些半野化的花草还能形成大片的花海景观。

茂盛的植被也为各种昆虫、小鸟和小动物提供了食物、蜜源和可爱的家园。希望您在观赏的时候注意爱惜，也教给自家小朋友，不要摘花折草，也不要挖野菜。

不过，规矩也有例外。奥林匹克森林公园北园的花田野趣区域有很多的蒲公英，遇到合适的年份，会呈现出一大片缀满白绒毛的蒲公英。蒲公英是少数果实不惧怕采摘的植物之一，如果恰逢其时，这可是城市居民难得的与蒲公英亲近的好机会！孩子们哪个能拒绝往白色的小绒球上吹口气、在草地上追逐的乐趣呢？在蒲公英面前童心焕发的成年人也很常见呢。

公园内的山楂树和黑心菊 摄影 / 苏文平

冬日雪景 摄影 / 苏文平

生态廊道上的电瓶车 摄影 / 张冬青

实用信息

　　奥林匹克森林公园全年免费开放（公园外停车场为收费服务）。园内一条弯曲环绕的主干道通往各个场地，不时通过的电瓶车、四人脚踏车让人可以轻松地游览整个园区。

　　公园分为南、北两园。南园入口离地铁站很近，游人较多，包括仰山、奥海、下沉湿地等景观。北园以花田野趣、雨燕塔、大树园等小型溪涧景观为主。跨越北五环，连接南北两园的是生态廊道。由于公园面积很大，步道路线较长，半天时间大约只能游览一半面积。不过公园也配有各类收费的电瓶车、多人脚踏车等交通工具。

　　公园内餐饮服务稀缺，只在入口处有一家提供快餐。园内分布有一些商亭，但只有饮料和方便食品，价格一般都比外面贵。建议游人自备水壶，自带饮水和食物。

准备一次"生机午餐"

奥林匹克森林公园地方广阔而平坦，很适合家庭出游，动静皆宜。而这里也有很多适合野餐的地方，正好是一次在鸟语花香中享用健康美食的好机会。

"生机饮食"——泛指用生食、素食、有机食品为主要食材，注重健康、新鲜，同时少处理、少油、少盐的饮食理念。特别适合用于准备便捷、健康的野餐食物。

生机午餐　　摄影／张筱达

如何准备一次"生机午餐"

1. **自带水壶**——公园里的饮料多卖得贵，能比外面高出一倍，而且喝剩后的包装瓶往往会成为新垃圾。不如自己准备水壶，凉水润喉，热水泡茶。

2. **饭盒**　——奥林匹克森林公园内少有餐饮提供，多是烤肠、煮玉米等。还不如用上自家饭盒，想吃什么就带上什么。别忘了带上勺子和筷子。

请注意，就算是果皮、蛋壳也不要留在原地哟。一来这些东西的自然降解需要比较长的时间，撒在地上会造成视觉污染，甚至让人误认为是垃圾堆；二来也会影响到周围昆虫或小动物的食谱。

3. **防潮垫**——适合全家大小一齐坐，也适合陈列精心准备的各种美食，同时隔湿、防尘、避免着凉。

热狗、鸡蛋、水果、坚果　　鸡蛋培根三明治　　饭团、水果

制作、摄影／李心苒

扩展
阅读▶

城市里的"非主流"草木

　　北京的公园里最不缺的就是各种外来的观赏植物，几乎能做到三季有花，四季常绿。尤其是精心设计的各种花境，几乎每隔不久都会换上一批新花，常换常新。

　　不过，有些驻扎在本地公园的"老住户"，可是一直都能坚守在一方水土之间，默默陪伴城市的变化。它们有的高大，有的娇小。看看你能不能在公园中发现它们的身影？

◎ 看上去都是黄花

　　开黄色花的小草不少，最为人熟悉的就是蒲公英、苦荬这些菊科小花。不过先说一说白屈菜吧。白屈菜是罂粟的近亲，属罂粟科多年生草本植物，虽然名字里有个"白"，但似乎与"黄"关系更密切。它不但会开出亮黄色的花，而且整个身体内都含有黄色汁液。

白屈菜　　摄影/杨斧

　　还有两种经常相伴出现的"小黄花"，蛇莓和委陵菜。五六月份，它们常在草坪里、土坡上星星点点或成片地开放，好看极了。但那是蛇莓还是委陵菜呢？当蛇莓结出红红的草莓样的果实的时候就知道了！

◎ 古怪的半夏

　　半夏，是大名鼎鼎的一味中药，但不是很多人能在自然界中认出它。半夏大约在农历五月中旬生苗，那时正是夏季的一半。到了花期，一根长花梗会从基部发出，顶部还伸出一个细长的尖儿。这就是半夏开的花，翠绿苗条挺拔，头顶一道优美的曲线，婀娜尽显。

匍枝委陵菜　　摄影/张冬青

　　提醒一句，作为中药材的半夏需要和其他药搭配或者经过炮制才能服用，因为它带有毒性，不要随意学神农尝百草喔！

◎ 只能看不能吃的野慈姑

　　水里的荷花我们都熟悉，这里介绍另一种水生植物，就是"野慈姑"。我们所吃的脆嫩爽口的"慈姑"就是由它培育而来的。"野慈姑"能长到七八十厘米高，叶柄从水面挺起，叶子箭头形。开花时长长的花茎从水中伸出，三瓣的白花生于花茎节上。

◎ 来头不小的七叶树

　　七叶树也叫桫椤树、娑罗树，是一种落叶乔木。"七叶树"的名字很形象，也比较准确地反映了它的特征——掌状复叶，小叶7

半夏　　摄影/张冬青

枚；当然也不绝对，也有小叶五六枚的。在潭柘寺、卧佛寺等不少寺院都有悠久的种植七叶树的传统。但在寺院里，它们的名称被写作"娑罗树"，被看作佛教的圣树之一。5月中上旬，七叶树开花的时候，抬头仰望，一束束的花好像一座座小宝塔，被手掌般的叶子承托着，还真能感觉到一种庄严。

七叶树花和叶

◎ 奇特的明开夜合

"明开夜合"，也叫白杜、丝棉木，卫矛科植物。这别致的名字，起因是它的花白天开放，夜晚会微微闭合。到了八九月份，"明开夜合"的果实开始成熟。初为绿色的小小的果，后显出淡黄色甚至粉红色。果实开裂后，里面种子的橙黄色外皮（假种皮）显露出来，更好看了。

明开夜合

◎ 耐心的粗榧

粗榧为中国特有植物。每年三四月份开花，九十月份人们能看到成熟的种子，要知道，这其实是去年的花结出来的，而当年的花要到第二年才能结出种子呢。

◎ 种子带翅膀的蒙椴

蒙椴，也叫小叶椴。它的花序犹如一叶小小扁舟。当种子成熟，这小舟将带着果实一起脱落，随风飞舞。这时候它成了种子的翅膀，新生命的降落伞，蒙椴种子就这样悄然散播出去。

粗榧枝叶

◎ 长满小刺猬的猬实

每到五六月间，猬实便会开出粉白相间的花朵，簇拥着缀满枝条，分外热烈！它就是猬实。到八九月时，来看它那一对对长满刺的果实，实在很像一个个小刺猬。猬实是我国特有的一种植物，原产西北一带，但现在野生猬实已非常稀少，十分珍贵。

蒙椴叶、花序和苞片

蒙椴果实和苞片

猬实花和开始发育的果实

摄影／张冬青

43

山茱萸花序

紫薇花和枝干

小叶朴叶和果实

◎ 早开的山茱萸

山茱萸可能很多人都听说过，它的果实称为"山萸肉"，可做药材。这会不会使你想起了唐诗名句"遍插茱萸少一人"？很遗憾，植物学家考证，诗中的"茱萸"不是"山茱萸"，而是另外一种植物。山茱萸开花较早，3月下旬即进入花期，在仍显萧条的背景下，在还没长叶的树枝上，它黄色的花束甚显明亮。

◎ 紫薇又叫"痒痒树"

紫薇在很多公园和小区里都有种植，很多人都认识它的花，它光溜的树皮也很容易辨认。紫薇有一个俗名叫"痒痒树"，因为只要你轻轻地挠一挠它的枝干，它的全身都会颤动起来，好像怕痒痒一样。不信就请你试一试吧。

◎ 朴树的"一叶一果"

小叶朴，或就叫朴树，为北京的本土树种。小叶朴的叶边缘上部有锯齿，叶柄短；而果实呢，就生长在叶腋处，细长的果柄与叶柄从同一个位置伸出，拽着圆圆的小果；就这样，叶和果形成了"一叶一果"的伙伴关系。

◎ 雪柳和柳树无关

雪柳虽然叫"柳"，但跟柳树关系并不近，是木犀科植物，不过它的叶子形状很像柳树叶。五六月间，雪柳会开出一串串白色的小花，在绿叶的衬托下，好似一团团蓬松的雪花，而且还有香味，当清风拂过，一派诗情画意。雪柳的名字就是这样得来的吧。

◎ 风流倜傥流苏树

大约4月末和5月初，流苏树花盛开，满树的白花如霜似雪，令人流连。靠近看，会发现流苏的花冠是一条一条的，柔软飘逸，一朵花就如一个小"穗子"，"流苏"的名字真是名副其实。流苏树是木犀科流苏属植物，北京有野生分布，而且属于北京市二级重点保护植物。

雪柳花和叶

开花的流苏树

自然程度 ★★☆☆☆ 人工环境为主，保留一定程度的自然风貌。
偏远程度 ★★☆☆☆ 位于市区之外，但交通比较方便。
游客密度 ★★★★★ 游人有时较多，但不会很拥挤。
管理程度 ★★★☆☆ 设施完备，有道路、餐饮、广场、厕所、休憩之处等。

麋鹿苑大门　摄影/白加德

05 『四不像』的家：麋鹿苑

北京南海子麋鹿苑博物馆简称麋鹿苑，是位于北京城郊南海子地区的一片湿地绿洲。

这里不是动物园，但能看到很多动物；

这里有各种各样的鹿，却不是一个养鹿场；

这里有皇家猎苑湿地景观的生动再现；

这里一直演绎着麋鹿失而复得的传奇故事……

曾经的皇家苑囿

麋鹿苑所在的南苑地区古称"南海子"，作为皇家猎苑的历史可追溯到元朝，到了明、清时期，占地面积约达210平方公里，相当于北京旧城区的三四倍。

与圆明园、颐和园等我们熟知的皇家园林不同，南苑的特点不在于叠石理水、亭台楼阁和宫殿建筑，而在于它在生态保护方面的功能和作用。

南苑水源丰富，河、湖、泉、沼纵横交错，小龙河、凤河、凉水河等众多河湖滋养着广阔的荒野，使古代的南苑地区

麋鹿的角　摄影/钟震宇

南囿秋风 摄影/侯朝炜

南囿秋风

明代大学士李东阳在描写京都十景的诗篇中有一首题为"南囿秋风"，诗中所写"落雁远惊云外浦，飞鹰欲下水边台"，令人可以遥想当年南海子的湿地景观。麋鹿苑中设有一块自然石，上面刻了这首诗的全部内容。

水草肥美，景色秀丽。每到秋季，晴云碧草，果红叶黄，别有一番韵味，明代京都十景之一的"南囿（yòu）秋风"指的就是这里。苑中除少量行宫用地等，建筑极为疏朗，绝大部分为猎场、牧场、花圃、瓜园、农田，草木丰茂，绿草茵茵，这一点与江南园林有着本质的区别。

1985年建苑的麋鹿苑，位于原来清代皇家猎苑三海子地区，经过精心修整，麋鹿苑逐渐恢复了湿地的景观风貌，成为一个美丽的生态苑囿，为北京大型的哺乳动物麋鹿提供了适宜的保护繁育场所。

华夏土著变"海归"

麋鹿是中国特有的鹿科动物，俗称"四不像"，有一种广为流传的说法是它的角像鹿，脸像马，蹄像牛，尾巴像驴。麋鹿喜欢在湿地环境中生活，野生种群主要分布在黄河和长江的中下游地区。但由于地理环境的变迁和人类文明的发展，其栖息地不断减少。野生麋鹿种群逐渐走向衰亡，到了清朝末年，全中国也仅剩圈养在皇家猎苑的二三百头麋鹿。

1865年，法国博物学家阿芒·戴维以传教士的身份来到北京南郊进行动植物考察，发现了皇家猎苑中的麋鹿。他立即意识到，这是一群他从未见过的鹿，可能是动物分类学上尚无记录的鹿。虽然猎苑禁地不许外人靠近，但作为一位博物学家，强烈的好奇心和求知欲令他难以离开。传言，戴维终于在数月之后设法买通了猎苑的守卫，用二十两纹银买到了一对鹿皮、鹿骨、鹿角的标本，运回了法国，交给时任巴黎自然博物馆馆长职务的米勒·爱德华进行鉴定。

戴维发现的麋鹿很快引起了欧洲各国的极大兴趣，纷纷通过各种渠道和手段从南苑引进活的麋鹿，从此麋鹿这一物种便广泛出现在了各大知名动物园中。按照动物学界以"发现者"

麋鹿苑湿地 摄影/洪士寓

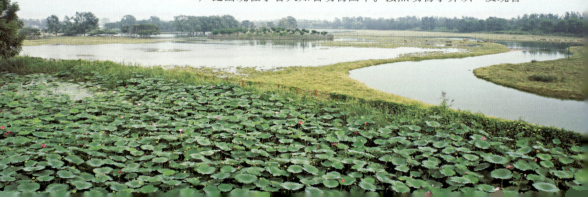

麋鹿群　摄影／钟震宇

的名字命名新物种的惯例，麋鹿这种中国独有的动物也被冠以"戴维神父鹿"（学名：*Elaphurus davidianus*）的名字，并一直沿用至今了。在接下来的几年，戴维神父在中国的物种发现之旅也并没有结束，就在发现麋鹿后，他又相继发现了中国特有的驰名物种大熊猫、金丝猴和珙桐。

当留洋海外的麋鹿受到西方国家热捧的同时，我国仅剩的那些皇家猎苑的麋鹿却陷入了绝境。1894年，永定河水泛滥，洪水冲开了猎苑的围墙，许多逃散的麋鹿成了饥民果腹的美味。1900年，八国联军攻入京城，将战火蔓延到了南苑地区，团河行宫被毁，猎苑的麋鹿也因这场浩劫最终宣告在故土灭绝。

幸而英国十一世贝福特公爵成为麋鹿的救星。偏爱麋鹿的公爵自1898年起，出重金买下了当时欧洲各地动物园中的18头麋鹿，放养在自己的乌邦寺庄园内。经过悉心的照料，使这个物种起死回生。1985年，经过中英双方的共同努力，麋鹿苑在南苑猎苑旧址兴建，22头麋鹿从英国运抵北京，以归国华侨的身份荣归故里南海子。

户外的博物馆

麋鹿苑不仅是麋鹿的家，也是很多野生动物的乐园。其东部的核心保护区是麋鹿和其他小型鹿科动物的主要活动区域，为了避免过分打扰动物的生活，限定参观者只能乘坐环苑电瓶

麋鹿科学发现纪念碑　摄影／侯朝炜

蓝孔雀　摄影/洪士寯

麋鹿和天鹅　摄影/陈耘

梅花鹿和鸿雁　摄影/张林源

车游览。在苑区的西部设置了千米有余的科普栈道，方便参观者步行游览。苑区内的孔雀、牙獐等动物均为散养，经常可以看到它们自由地在苑中散步。苑北门内还专设了一个小动物园，养着黇鹿、梅花鹿、白鸽和火鸡等性格温驯可以亲密接触的动物。但为了它们的健康成长，游客不可以自带食物投喂。

　　麋鹿苑是北京城南少有的一处较封闭的适宜观鸟的地点，北京观鸟会曾经在2005年至2008年间进行过一次不间断的鸟类调查，其间基本上每月进行一次。苑内春秋冬三季观鸟都较适宜，半天时间可以看20种左右，多数鸟集中在桃花岛附近和南侧步行道上。在这里不一定哪个季节可能会看到城里难得一见的纵纹腹小鸮，一只白枕鹤曾在冬季光顾这里，和那些养殖的东方白鹳、蓑羽鹤等做了一冬的邻居。

　　近几年，在麋鹿苑南侧又建起了南海子湿地公园，水面扩大，随着植被的逐渐恢复，这里有可能慢慢成为京城南部重要的观鸟地点。所以来这里不要忘记带上观鸟望远镜，说不定会有意外收获的。

　　世界灭绝动物公墓是麋鹿苑最著名的科普设施之一，由长长的多米诺骨牌构成的灭绝动物墓碑绵延而去。倒下的骨牌象征已经灭绝的动物；摇摇欲坠的骨牌象征濒危的动物；而直立的骨牌则代表着地球上现存的动物。在现存物种的骨牌中，有一块就赫然刻着"人类"。在多米诺骨牌的一侧，是一组讨论"得与失"的科普围栏，提醒着参观者，自工业革命以来，以文明自诩却无限扩张为所欲为的人类，已使数百种动物因过度捕杀或丧失家园而遭灭顶之灾。

紧邻灭绝动物多米诺骨牌的起点，矗立着一组由巨大汉字构成的雕塑，"森、林、木、十"四个字用粗大的树干造型来表现。寓意着人类没有节制的砍伐森林，最终只能剩下一个毁灭的十字架了。

麋鹿苑中还有很多新鲜有趣、寓教于乐的科普设施。苑内有一个大型的鸟类迁徙地球仪，上面不仅呈现了地理信息，更标注了全球鸟类的迁徙路线。在全世界鸟类迁徙的八条主要路线中，有三条途经中国境内。在地球仪的两侧，还配有石桌和石椅，上面刻写了很多鸟类迁徙的知识，这一组科普设施成功申请到了国家外观专利。麋鹿苑还有个特别的"科普厕所"，展示了诸如"World Toilet Organization世界厕所组织"之类的厕所文化和小知识。

世界灭绝动物公墓　摄影/洪士窝

在麋鹿苑的科普设施中还有一个特殊而神秘的柜子，柜门上赫然以中英文醒目地写着："这里有世界上最危险的动物！"那么，最危险的动物究竟是什么呢？就等待您亲自去打开柜门看一看吧！

滥伐的结局　摄影/洪士窝

实用信息

麋鹿苑位于北京市大兴区境内，南五环路旧忠桥东南2千米，距北京城区约14千米。

麋鹿苑有南北两个游客服务中心，除苑区导览图、科普书籍、纪念品等出售外，还备有应急医疗的简单工具和药品，并为腿脚不方便的参观者提供免费的轮椅租赁服务。

苑北门外有一家小餐馆，苑区内有少量餐饮售卖处，出售饮料和方便食品。

鸟类迁徙地球仪　摄影/洪士窝

植物园、樱桃沟、百望山、大觉寺……京西北地区这些熟悉的地名构成了离市区最近的山区郊野。这里最适合周末短途一日游：从春季踏青赏花，夏季避暑爬山，直到秋日层林尽染。每到猛禽迁徙季，神秘而孤傲的各类鹰隼难得地结伴而行，在天空的舞台上演绎着震撼的生命之舞。

> 自 然 北 京
  无 痕 游

春日植物园　摄影／胡卉哲

第二章 近郊风光

无痕
提示▶

近郊无痕提示

京西北是北京周末户外游的热点地区。这里是城里人可以爬山的最近的地方了。每到周六早上，香山脚下、苹果园地铁站、植物园门口等处都挤满了装备齐全的登山客。正因如此，这片地区也承受了巨大的环境压力。

人到了宽阔的野外，也许在行为自律上就没那么严格了。看上去随便扔一片纸没什么大碍，但如果每个人都扔一点点，那山上很快就变成了垃圾场。事实也正是如此，许多野外休憩的桌椅或平台，经常变成撒满各种包装的垃圾堆。

为了让这片最近的"后花园"可以永葆美丽，出行的时候要注意以下原则。

◎ 不留下任何垃圾，包括厨余

所有东西"打包进，打包出"。不仅是塑料包装，吃剩的瓜果皮核、用过的手纸都不能留在户外。一来满地残屑会造成视觉污染，影响景观——户外可是没有服务员来打扫卫生的，这些东西在被自然"消纳"之前（时间从几个月到几年不等），会一直留在这里。二来手纸、纸巾并不会被完全"降解"，上面残存的药剂会影响到周围的环境。就算是桃核、吃剩的西瓜子，也有可能变成入侵物种，并改变当地动物的食谱。一些人去得多的地方，小动物们都学会了追逐人类垃圾觅食。这对于人和动物来说，都不是好事。

◎ 不随意攀折花木

公园里的花草树木由园林工人精心培育，野外的植物则靠强顽的生命力在自然中成长。无论是花坛里盛放的鲜花，初春满山的桃花，夏日毛茸茸的青杏，还是路边缀满红果的灌木，秋日鲜艳的彩叶……人们可以尽情欣赏它们的生命之美，却不应贪求一时的占有。让这些自然之美继续完整无缺地停留在自然中，是对它们最好的爱护。

◎ 多用公交或骑行的方式出行

大、小西山一带处于城市边缘，交通容量有限。每到节假日，通往这里的几条道路就会变成严重拥堵路段。为了避免这样的麻烦，大家可以尽量回避高峰时段，如把出发提前到早上7点以前。同时也要避开一些人流特别密集的时期，如被称作"红叶疯了"的十一前后。当然，最有效的方法还是采用"绿色出行"，少开私家车，多坐公交车。有体力的伙伴们也可以尝试自行车出行。当大小车辆被困在路上动弹不得的时候，灵活洒脱的自行车就变成最佳代步工具啦！

打开绘有地形的北京市地图，我们会发现，离北京最近的山区，位于北京城的西北方向，仿佛一座半岛伸入"北京湾"。这片山区是西山山脉的最东余脉，地跨海淀、石景山、门头沟三区，习惯上叫作"小西山"。因为大部分归于西山林场管辖，有时也干脆简称"西山"。

在地图上，"小西山"大致呈现一个十字形，由一道大体呈南北向的山脊和一道大体呈东西向的山脊构成，两道山脊的交会地点习惯叫作"打鹰洼"。从"打鹰洼"向西，可以到"小西山"的最高峰，海拔797米的荐福山（在地图上常被误称为"克勤峪"）；向北可以到温泉镇；向东的山脊的末端就是百望山；向南的末端则是八大处；而香山公园和北京植物园就位于这向东和向南的山脊的夹角处。在"小西山"的东南方向，还有玉泉山、万寿山等零星的低矮山头，算是"小西山"的余脉。

十字形的『小西山』

"小西山"卫星地图（图源：Google Maps）

自然程度 ★★☆☆☆　大片人工自然环境。
偏远程度 ★☆☆☆☆　市区地铁可达。
游客密度 ★★★★★　游人较多，有时较为拥挤。
管理程度 ★★★★☆　设施完备，有道路、广场、厕所、休憩之处等。

京西寻胜：香山、北京植物园、樱桃沟

06

香　山

　　香山公园是世界知名的风景区。从金代起这里就营建了皇家寺庙。清代的乾隆帝更是在这里大修园林，取名"静宜园"，成为西郊皇家苑囿"三山"（香山、万寿山、玉泉山）"五园"（一种说法是静宜园、静明园、清漪园、畅春园和圆明园，清漪园后来改名颐和园）中的一山一园。这"三山五园"中，除了畅春园大部分已经改为北京大学的住宅区，静明园和其中的玉泉山不对公众开放外，香山（静宜园）、颐和园（含万寿山）和圆明园都是北京最负盛名的景点。也正因为如此，年年有大量游客前往香山，在春季的观花时节和秋末的观红叶时节，园里更是被挤得水泄不通。要亲近大自然，香山多数时候可不是个好地方。相比之下，和香山离得不远的北京植物园要好多了。

香山　摄影/李海滨

北京植物园

　　1956年正式成立的北京植物园，主体位于"小西山"脚下的一片台地，曾经是南辛村等几个村庄的农田。从颐和园到香山的香山路穿园而过，把园区分隔成路北的"北植"和路南的"南植"两部分。"北植"面积较大，达400公顷，包含有卧佛寺、樱桃沟、黄叶村（曹雪芹纪念馆）、梁启超墓等知名景点，又栽培了众多的园艺植物，适合所有公众参观；"南植"面积较小，不到100公顷，主要供科学研究之用，适合有植物学专业知识的公众参观。"北植"现隶属于北京市园林绿化局，正式名字是"北京市植物园"；"南植"隶属于中国科学院植物研究所，正式名字是"中国科学院北京植物园"。一般说的"北京植物园"，指的是北京市植物园，即"北植"。

　　北京植物园有好几个大门，其中位于香山路上的植物园正门和卧佛寺景区正门是最显著的。从卧佛寺景区正门入内，只见一条宽阔的大道近乎笔直地向北，直通卧佛寺前门。路两边分布着月季园、碧桃园、牡丹园、丁香园、海棠园、宿根花卉园、木兰园等众多的专类

登山队清理香山垃圾
摄影／自然之友登山队

垃圾减量

出游前做计划的时候，有一个问题常常被人们忽视：我们会制造多少垃圾？

郊游免不了要购买一些带包装的食品，请尽量购买简易包装的食品以减少可能产生的垃圾。包装、食物残余、纸巾等垃圾，自己打包带回处理，而不要丢弃在景区。考虑到庞大的游客量，即便景区设有垃圾箱，也尽量不要投放。

在香山这样的超级旅游热点地区，每天由游客产生的垃圾量十分惊人。常年在香山组织"清香"（清理香山垃圾）活动的自然之友登山队，每次都能捡出几大袋乃至几十大袋的垃圾。经分类统计发现，分量第一多的是各种食品包装。塑料饮料瓶包装可以回收卖钱，经常有人去回收，而食品包装就都被留下了。第二多的则是各种手纸、纸巾。每个人带到山上的时候，好像都只有一点点，但是每个人都留下一点点，就变成了铺满山坡的垃圾。

园，再加上位于园内其他地方的梅园、集秀园（竹园）等，基本涵盖了中国北方最广泛种植的主要园艺植物。在这条大道的中段是一个广场，广场北边2000年正式开放的展览温室"万生苑"。"万生苑"占地面积6500平方米，栽植了众多的热带植物，足以让北方游客在此一睹南国风光。

在北京植物园中还有面积很大的树木专类园，引种栽培了槭树、白蜡树、杨柳、松杉等许多园林树种。把所有这些栽培的植物合计起来，北京植物园总共种植了1万多个品种、150多万株植物，不愧是中国北方最大的植物园。

樱桃沟

从卧佛寺向西，经过集秀园，就到达樱桃沟。根据功能的不同，北京植物园可以分为植物展览区、科研区、名胜古

樱桃沟水杉林　摄影／李海宾

《水杉歌》　摄影／杨洋

《水杉歌》

世界上所有的人工水杉林的年龄都不会超过80年，因为水杉是1943年才在中国西南部的山林中被发现的。在此之前，日本学者先发现了水杉的化石，以为它已经绝灭了几千万年，因此1948年中国植物学家胡先骕和郑万钧共同发表水杉新种，指出它就是那种化石植物的活体时，全世界都为之震惊。胡先骕是中国植物分类学的奠基人之一，晚年对他发现水杉的成绩十分自得，在1961年写了七言古体诗《水杉歌》记录此事。如今，《水杉歌》的全文就镌刻在樱桃沟水杉林旁边的石壁上。

迹区和自然保护区四个部分，樱桃沟是自然保护区的一部分。它本是"小西山"的一道沟谷，因从明代起在此种植了众多的樱桃树而得名。沟中原有山泉潺潺流淌，但是由于地下水位下降，从20世纪90年代起山泉即已枯竭，景区只得抽水回灌，营造出人工的"山泉"。沟中还修建了宽大的栈道，多少降低了周边风景的自然性。尽管如此，这里仍不失为一处充满野趣的景点。

在樱桃沟沟口，是一片繁茂的水杉林。看上去这片高大的水杉林似乎得有上百年的历史，但实际上是1975年才栽培在这里的。不仅如此，在樱桃沟中还能见到不少低海拔山区阴湿处的植物，蝎子草就是其一。这种草在香山上也有大量生长，叶子边缘有粗大的牙齿，看上去就有点令人生畏。如果不慎接触到它茎叶上的螫毛，就会被螫毛里所含的汁液蜇到，敏感的人立刻会起红疹，并感到刺痛。这也是它得名"蝎子草"的原因。

蝎子草　摄影／黄海琼

实用信息

公交便利。由于前往香山的游客众多，自驾前往相对不便，尤其是春季和深秋尤甚。

自然程度 ★★★★★　大片人工自然环境。
偏远程度 ★★★★★　市区公交可达。
游客密度 ★★★★★　游人较多。
管理程度 ★★★★★　设施较为完备，有道路、厕所、休憩之处等。

07 勇者的天空：百望山观猛

　　除了香山、北京植物园、八大处等几处景点，全部"小西山"都划归西山试验林场管理。这个林场是北京市的四大国营林场（西山、八达岭、十三陵、松山）之一，成立于1955年。百望山位于"小西山"的最东端，是西山国家森林公园中最早对公众开放的部分，　2011年，整个林场也全部成为西山国家森林公园。从此，到"小西山"爬山就是名正言顺的逛公园，而不再是"爬野山"了。

　　百望山因为紧临平地，特别显眼。据明代学者蒋一葵《长安客话》所述，"背而去者百里犹见其峰"，故而得名"百望山"。和小西山的其他许多景区一样，百望山也有丰富的人文景点。这里有建于民国早年的法国教堂，有望京楼（楼中有黑山扈抗日战斗纪念碑），还有首都绿色文化碑林。不过，在这里我们要重点说的是"观猛"。

猛禽的迁徙

　　在自然界中，有一群本领高强的"顶级消费者"，名字叫"猛禽"。大家熟悉的老鹰、秃鹫等就属于猛禽中的隼形类，

百望山全景　摄影／宋晔

另外猫头鹰等鸮形类也属于猛禽。它们的神秘、孤傲是与生俱来的，如同来无影去无踪的武林高手，轻易不会让人类仰慕地观望。赶上运气好在野外看到一只离得不远的猛禽，往往是你还来不及高兴，它就巨翅一展，几秒钟内消失在山谷、林莽或是苇海之中。可偏偏在"小西山"一带，成百上千只鹰隼可能会让你在一天之内看到，那就是当它们沿着固定的通道集中迁徙的关键时期！

　　早在人类统治亚欧大陆之前很久，猛禽就开始了它们每年两次漫长的迁徙——秋天从东北、西伯利亚和日本沿着中国东部海岸线向南进发，直至华南、东南亚甚至更远的南方越冬；春天再沿着同样的路线折返繁殖。年复一年，周而复始，从未停歇。

◎ 阿穆尔隼

　　就以阿穆尔隼为例吧，这种猛禽的雄性外貌非常惊艳，嘴巴和屁股红红的，翅膀黑白相间，身体呈青灰色，真是色彩斑斓的"花美男"。它们最初被人们发现于黑龙江流域，而黑龙江在外文中叫"阿穆尔河"，"阿穆尔隼"由此得名。每年夏天，它们飞到俄罗斯与中国东北北部繁殖，冬天则前往非洲好望角一带越冬，仅单程就长达16000千米，跨越千山万水，这是何等壮阔的旅程！迁徙中的阿穆尔隼忍耐着极度的饥饿和劳累，沿途人类的干扰和恶劣的天气随时都能掀翻它们的身体，折断它们的翅，置它们于死地。一些隼没能飞过城市乡村，为人捕杀；很多隼没有飞过群山峻岭，被鼠蚁分食；更多隼坠海而亡成为鱼的美味……最终成功抵达目的地的仅为出发时的三成。

"望儿山"

　　百望山的最高峰叫"望儿山"，海拔210米。当地盛传在辽与北宋征战时，这里是宋军的营地，杨六郎带兵和辽军交战时，佘太君常在此登高望儿，擂鼓助阵。不仅如此，山下的两个村子，一个叫"西北望"，一个叫"东北望"，据说也是因为佘太君在山上能望见儿而得名，后来才改成"西北旺"和"东北旺"。然而，传说毕竟只是传说，史实告诉我们，自打后晋割让"燕云十六州"之后，北京一直为辽国所有，是辽国的南京"析津府"，北宋的军队从未到过这里。因此，北京所有和杨家将有关的地名，多是后人附会。

阿穆尔隼　　摄影/宋晔

请勿盲目放生

在动物学家看来，很多人的放生行为实在是鲁莽而糟糕的。

首先，很多人工饲养的动物往往不能适应野外生活，被放生之后很快就会死去，反倒不如持续人工饲养时寿命长。

其次，放生催生了一条捕捉野生动物——卖给放生者放生——再捕捉的灰色产业链，促成了八大处之类放生市场的畸形繁荣。放生的人越多，被捕捉的野生动物就越多，反而加剧了野生动物资源的破坏。

最后，很多放生动物不是北京的本土动物，盲目放生之后，它们一旦在野外存活下来，就可能成为外来入侵种，造成环境问题。

此外，相关知识的不足，也造成很多事与愿违的后果。有的把陆龟当作水龟丢进河里；有的把成吨的鱼"放生"进很小的水塘；更糟糕的是，还有人把毒蛇随意拿到野外放生，结果造成人畜伤亡。要做到科学的放生（如前面提到的北京猛禽救助中心的放生），没有足够的动物学知识是不行的。

飞越北京城的凤头蜂鹰　　摄影／宋晔

勇者又岂止阿穆尔隼？有些鵟也走着和阿穆尔隼类似的线路远赴非洲，有些灰脸鵟鹰从朝鲜飞去马来西亚，有些凤头蜂鹰从库页岛飞去印度尼西亚，有些乌雕从黑龙江飞去孟加拉，有些白腹鹞从西伯利亚飞去菲律宾，还有白肩雕飞去中国香港，草原雕飞去印度……近30种猛禽在中国的东部做着惊人的长距离迁徙，而北京恰恰位于这些猛禽迁徙的主干线上。

◎ 凤头蜂鹰

凤头蜂鹰这种喜欢袭击蜂巢吃蜜蜂的老鹰体形很大，头顶长着俗称"凤头"的突出冠羽。它们的身体颜色最为奇妙，似乎可以随心所欲地长出想要的花纹——可以看到很黑的"深色型"和很白的"浅色型"；"中间色型"的蜂鹰则更多些，身上长着各种形状的浅褐色花纹，各不相同。这种现象在生物界甚不寻常，控制它们体色的那段DNA的个性一定出奇的调皮。

这些家伙特别喜欢搭帮结伙。凤头蜂鹰结群过程常常是这样的：起初在头顶上明明只看到一只蜂鹰，它并不着急飞走，而是在空中打转，飞出一个大大的圆形。这个动作似乎是在传达一个讯息："快来，咱们一起走吧！"很快，第二、第三、第四、第五只蜂鹰陆续出现，从四面八方向这只靠拢，加入了盘飞的队伍。大家一起盘旋，一圈又一圈，队伍不断壮大，数目很快从几只增长到了几十只。最终，人们可以看到一根由众多凤头蜂鹰在不同高度盘旋所组成的巨大"鹰柱"。不知过了多久，其中某只蜂鹰率先沿切线方向脱离鹰柱笔直飞去，其余的鹰也立刻做出反应，纷纷跟随，一个临时团体的旅程就这样开启了。

　　组团飞的好处在于，有经验的成年鹰可以带着年幼的"小朋友"一起飞行，降低迁徙风险，从而提升种群的存活率。这个理论最近得到了欧洲鸟类学者的验证，他们对鹃头蜂鹰（凤头蜂鹰的亲戚）的跨海迁徙进行了细致的追踪后得出了同样的结论。

西山观猛

　　在"小西山"及其周边的任何一个区域都能够看到猛禽迁徙的情形，除了百望山，无论是香山、阳台山还是鹫峰，哪里都可以一饱眼福。你只需登上山顶或者山脊，找到一片视野开阔的平地，就可以在那里坐下来，春天注目西南，秋天望向东北，静等着猛禽从你面前飞过。这样的活动，台湾称之为"赏鹰"；内地就习惯叫它"观猛"。

集群迁徙的黑耳鸢　　摄影／宋晔

　　有没有想过，为什么猛禽会从"小西山"的山脊附近飞过呢？与靠频繁振翅飞行的小鸟不同，猛禽的体形比较大，为了节约体能，利用上升气流滑翔是它们主要的飞行方式。绵延的山峦可阻挡风的通行，让风顺着山坡刮到山顶，这样形成稳定的上升气流，给猛禽提供了升力支持。作为西山山脉余脉的"小西山"，非常好地迎合了猛禽迁徙的走向。所以，在合适的季节（四五月及九十月），观猛者有可能一次见到上千只鹰隼。到底有多少猛禽经过这里迁徙呢？具体的数目目前还无法准确告诉大家。不过根据自然之友于2012年启动的猛禽迁徙监测调查计划显示，全年监测记录到迁徙猛禽个体9022只，包含3科11属26种。

　　怎么样，想不想加入观猛一族？

灰脸鵟鹰

抓着鱼迁徙的鹗

飞行中捕捉昆虫的燕隼

游隼

摄影／宋晔

猛禽调查员手记

（自然之友猛禽调查志愿者 令狐兔妖）

2010年9月下旬的一个早晨，空气中充斥着潮气，能见度差得惊人，一种让人心情变得沮丧的雾或霾几乎全部阻挡了东方本该投射过来的明媚阳光，视野中的一切都是灰蒙蒙的。

在这样的天气去看鹰应该不是一个好主意。猛禽的视力纵然很好，但也不可能穿透厚重的雾霾看清地面上的地标和前方的路障，这样冒失地飞行是很容易迷路和"坠机"的。所以按照常规推测，观猛禽当天的选择应该是——继续睡觉。然而，我还是决定上山看看。

清晨，我开始爬香山香炉峰附近的一座700多米海拔的山峰。感觉自己好像一直行走在舞台上的干冰升华而成的二氧化碳气中，浓重的雾气就在身边几米处缓缓流动着。到了大约海拔500多米的地方，意想不到的事情发生了！霎时间云开雾散，在不到一分钟的时间里，视野清朗了，阳光尽情地倾泻在山峦、树林和自己身上，看到的是一穹瓦蓝的天空！等爬到山顶，眼前的景观更让我倒吸一口凉气：原来山下看到的那混浊的雾霾此时竟然成了云海，厚厚的云像棉花一样铺在半山腰，而云上面——密密麻麻全是猛禽！

天上大多是凤头蜂鹰。相信其他调查员也从没见过这样多的鹰，无论抬头、低头、向前、向后、远眺、近看，到处都是。一些老鹰就从身边三五米处呼啸而过，它们好奇地转头盯着我看，我和鹰四目相对，此时甚至可以感到它翅膀催动的风正划过我的脸。我心跳骤急，头皮发麻，全身的血液似乎都在那时凝固了。

这奇妙的一天里，我看到了凤头蜂鹰为主，另包括黑耳鸢、雀鹰、燕隼、日本松雀鹰等总共10种将近1300只猛禽。生成这样一份观鸟记录：

天　　气：山下大雾 微风 阴转晴
观测设备：双筒望远镜、单反相机
鸟种记录：共10种（包含1目2科5属）1280只

中文名及数量	英文名	学名
凤头蜂鹰×1187	Oriental Honey-buzzard	*Pernis ptilorhynchus*
黑耳鸢×34	Black-eared Kite	*Milvus lineatus*
白腹鹞×2	Eastern Marsh-Harrier	*Circus spilonotus*
赤腹鹰×1	Chinese Sparrowhawk	*Accipiter soloensis*
日本松雀鹰×6	Japanese Sparrowhawk	*Accipiter gularis*
雀鹰×47	Eurasian Sparrowhawk	*Accipiter nisus*
苍鹰×1	Northern Goshawk	*Accipiter gentilis*
阿穆尔隼×2	Amur Falcon	*Falco amurensis*

实用信息

如想观赏猛禽迁徙或有意参与猛禽调查志愿工作，可查看自然之友野鸟会网页中相关活动信息。

自然程度 ★★★☆☆　生态较为健康的人工次生林。
偏远程度 ★☆☆☆☆　市区公交可达。
游客密度 ★★☆☆☆　游客稀少。
管理程度 ★★☆☆☆　部分景区步道完善，有休憩之处，未来会有厕所及游客服务中心。

阴坡阳坡大不同：碧云寺——东山村

08

　　从现在开始，进入自然程度较高、游人较少的地区。"小西山"和"大西山"虽然山路众多，四通八达，但是如果不熟悉路，还是不要擅自走野道，以免迷路，耽误时间。特别是"大西山"山势较高，悬崖峭壁多，有的路段较为危险，近年曾经多次发生游人坠崖事故，务必要引起注意。

　　西山国家森林公园除百望山景区外，主体部分划分为昌华、静福、凌云和北岭四个景区。四大景区内分布着大量的人文景点。比如用来给景区命名的昌化寺遗址和静福寺遗址。梅兰芳、马连良、刘半农等众多名人的墓地也在景区内。这些寺庙和墓地之所以选址于此，归根结底还是由于"小西山"茂密的植被和秀美的景色。

　　"小西山"有众多的上山路线。除了宽阔得可以走车的防火道外，还有大量的小道。视活动强度的不同，有大量的路线

老望京楼　*摄影 / 杨洋*

碧云寺　　摄影/杨洋

可供人们随意组合设计。驴友们习惯把所有这些登山活动统称
"香八拉"，第一是因为从香山到八大处是最成熟的一条拉练
路线；第二是因为与藏传佛教传说中的世外圣地"香巴拉"谐
音，蕴含着都市人对闲适宁静的憧憬。

　　这里重点介绍从碧云寺到东山村的登山线路。这条线路，
不同于一般的户外拉练线路，它最能让人领略"小西山"植被
变化的趣味。

　　碧云寺位于香山公园最北端，隔一道山沟与北面的静福寺
遗址相望。从碧云寺的北墙外经过，沿小路上山，就开始了这
段穿越的前半段。上山路线有好几条，有体力者可以选择从坡
度较大的"好汉坡"上山。这前半段路程大体位于山脊的向阳
面，看到的植物自然大多都是阳生植物。

阳　坡

　　阳坡因为向阳，水分蒸发快，因此较为干旱，土壤也比较
瘠薄。当一座山的自然植被遭到破坏后，阳坡植被较不容易恢

碧云寺

　　碧云寺位于北京海淀区香
山公园北侧，西山余脉聚宝山东
麓，是一组布局紧凑、保存完好
的园林式寺庙。创建于元至顺
二年（1331年），后经明、清扩
建，始具今日规模。寺院坐西朝
东，依山势而建造。整个寺院布
置，以排列在六进院落为主体，
南北各配一组院落，院落采用各
自封闭建筑手法，层层殿堂依山
叠起，300多级阶梯式地势而形
成的特殊布局。因寺院依山势逐
渐高起，为不使总体布局暴露无
遗，故而采用回旋串联引人入胜
的建造形式。其中立于山门前的
一对石狮、哼哈二将，殿中的泥
质彩塑以及弥勒佛殿山墙上的壁
塑皆为明代艺术珍品。

洋槐花　摄影/杨斧

复，即使恢复，也往往变成某种退化的植被类型。比如北京低山坡的阳坡本来可以生长栎树林，但是一旦被破坏，如果任其天然恢复，往往只能长成荆条和酸枣丛生的密灌丛。

为了恢复"小西山"阳坡的森林面貌，只靠自然力是不够的，必须人工造林。然而，当年"小西山"阳坡造林时用的树种比较单一，主要是油松和侧柏，上山的时候，我们会穿越大片油松或侧柏纯林。这些人工林虽然为山坡增添了绿色，但是成分单一。林间只是零星散生着一些山桃和山杏，林下的草本也不算多，常见的是白羊草和黄背草，都是象征着荒芜和废弃的野草，它们在盛夏开花。偶尔也能在山坡上看到成片的刺槐（洋槐），每年五一前后开花，结出白色而芳香的花串。

阴 坡

然而，爬上"小西山"的山脊，沿着通往门头沟区军庄镇东山村的小路到达阴坡，情况就完全不同了。阴坡的水分条件好，适宜植物生长，所以没有太多的人工干预，靠自然力往往也能恢复成天然次生林。能够在这条穿越线路的后半段见到的野生植物十分丰富，现在就选择几种来认识一下吧！

◎ 树木

大果榆　摄影/杨斧

你可以见到元宝槭、栾树、大果榆等树木，它们在山坡上构成杂木林。大果榆是榆树的近亲，是一个多变的树种。它在干旱、土壤瘠薄的地方长成灌木状，但在水分条件好、土壤肥沃的地方就可以长成乔木。它的果实也像一枚枚的铜钱，但是要比榆树的榆钱大得多，所以叫作"大果榆"。

杂木林最美的时候是深秋时节，因为不同的树种进入秋叶期的时间不同，秋叶的颜色也不同，所以一片林子往往既有绿色，又有黄色，还有红色，不同的颜色交织在一起，实在比春花还要绚烂！

◎ 灌木

元宝槭树　摄影/李海宾

在这里可以见到低山区最常见的几种灌木，包括荆条、酸枣、绣线菊、薄皮木等。到了盛夏，如果看到一种开紫红色花朵的植物在你前进的道路上横生枝节，那可能就是胡枝子了。它的花像豆子的花一样，盛开之时，满株紫气，远远就能望见。

◎ 草本

这里的草本植物十分丰富，不同的季节各自有不同的野花可供观赏。春季，小药巴蛋子在阴湿的石缝中绽放出它美丽的蓝紫色花朵；它的花朵有一个长长的、上翘的距，里面有蜜腺，可以分泌蜜汁，吸引昆虫来为它传粉。

小药巴蛋子　摄影/杨爷

杂木林之秋　摄影/吕军

裂叶堇菜　　摄影／胡卉哲

卷萼铁线莲　　摄影／杨斧

大叶铁线莲　　摄影／杨斧

　　大丁草在路边绽放着它的春花，这种野花有一个很怪的习性——它会在春季和秋季开两次花，春季的花是开放的，而秋季的花并不开放，始终像是花蕾的样子。

　　堇菜有很多种也在开花，什么细距堇菜、裂叶堇菜、北京堇菜……考验着有心把它们细细鉴别的爱好者。夏季，露珠草开出纤小精致的花朵，透骨草也挺出细长的花茎，远远看去它们似乎只是两种不起眼的野花，但是能够品味植物之美的朋友自然能够欣赏它们的韵致。秋季，长着大叶子的大叶铁线莲和卷萼铁线莲也开放了，这对"姐妹花"彼此长得很像，主要区别在于大叶铁线莲的"花瓣"（实际上是萼片）不怎么卷曲，而卷萼铁线莲的"花瓣"强烈卷曲。过去它们甚至被当成一种植物呢！

　　在这道通往东山村的山谷里还能见到蕨类植物，它的出现一下子就增大了植被的"野生感"。在被废弃的房屋的残垣断壁上可以找到墙草，它们叫这个名字实在恰当。你还可以见到土贝母、两型豆、北鱼黄草、穿龙薯蓣、葎叶蛇葡萄等大大小小的藤本植物攀爬在草间枝头，它们不仅增进了植被层次的丰富性，也让这片山林更显得野意盎然了。

　　到达山谷的尽头，视野豁然开朗，这里是东山村的梨园。这趟穿越"小西山"阳坡和阴坡、见识不同植被类型的旅程到此就结束了。

实用信息

　　由于此条路线大多进行单向穿越，因此除非在途中原路返回，否则不适宜自驾前往。

自然程度 ★★★☆☆ 生态较为健康的人工次生林。
偏远程度 ★★☆☆☆ 市区公交可达。
游客密度 ★★☆☆☆ 游客稀少。
管理程度 ★★☆☆☆ 部分景区步道完善，有休憩之处，未来会有厕所及游客服务中心。

09 京西小穿越：从大觉寺到白虎涧

前面说过，"小西山"的山脊大致呈十字形。其中的北支向西北延伸到门头沟区军庄镇和海淀区温泉镇之间，突然被一道谷地切断（六环路和军温路就经过这道谷地）。越过这道谷地，山势重又连绵起来，向北直到昌平区流村镇才终止，向西则与广大的西山山脉连通一体。这道位于"小西山"西北的山梁，习惯上就叫作西山，有时候为了和"小西山"区别，也叫作"大西山"。

"大西山"的山势比"小西山"高耸，野意也更浓郁。这里自古以来就被开辟为风景胜地。如今，从最南端的大觉寺向北，鹫峰、阳台山、七王坟、凤凰岭、白虎涧等景区一线排开，如同一道明丽的长廊。难怪海淀区政府把通往这些景区的大道修葺一新，命名为"西山风景长廊"呢！

热点穿越地区

和"小西山"一样，"大西山"上的山路也是纵横交连，四通八达。尽管离城区稍远，但是每逢周末，来这里登山的驴友一样是络绎不绝。可供选择的登山线路实在太多了，野心勃勃且有实力的朋友可以挑战一下南北全穿——在一天之内，从大觉寺向北直到白虎涧，或者从白虎涧向南直到大觉寺。甚至还有人把"大西山"和"小西山"联合起来，在一天之内完成穿越，这种急行军般的强度就只是少数壮士能够承受得了。

"大西山"上的人文景点首推古香道。古香道是通往妙峰山的进香路线。从京城到妙峰山有好几道进香线路，以经过"大西山"的中道最为便捷。这条古香道从大觉寺开始，向西翻越"大西山"山脊，从"大西山"第二高峰萝芭地（或写

妙峰山

妙峰山海拔1291米，挺立于"大西山"以西，是闻名全国的道教圣地。明末在半山腰建立了碧霞元君庙，俗称"娘娘庙"，清代又改名惠济祠。每年农历四月初一到十五，在这里会举办盛大的庙会，无数善男信女来此进香，求福祈愿。民国年间，著名学者顾颉刚就曾带领学生考察妙峰山庙会，中国的民俗学研究由此开端。抗战期间，妙峰山祠庙被毁，庙会和进香活动由此衰微，沉寂了数十年。直到20世纪90年代，祠庙重修，庙会又重新举办，昔时的盛景稍有恢复。

作"萝卜地"）北尖（海拔1153米）南侧经过，到达妙峰山脚下的涧沟村。从涧沟村到娘娘庙就很近了。在中道之北是中北道，从金山寺开始向西，从大西山第一高峰阳台山（也叫东大坨、妙高山，海拔1276米）和萝芭地北尖之间穿过，最后也到达涧沟村。在中北道之北还有老北道，则是始于阳台山和凤凰岭之间的车耳营村。这条老北道的景色虽然不如中道和中北道，但是沿途会经过千亩玫瑰园景区。玫瑰是妙峰山的知名特产，四五月份玫瑰盛开的时候，来这里陶醉于玫瑰的馨香，实在是别致的享受。清朝末年，慈禧曾下令整修这几条古香道，把它们砌成了精细的石阶路，如今这些石阶路还多有存余。在古香道上，还可以见到茶棚（供香客饮食休息的地方，也是代替娘娘庙的进香点）的遗址。

除了古香道，"大西山"几乎处处是景点。大觉寺和金山寺都有珍贵的古银杏林，大觉寺中有一棵古银杏为辽代所植，至今已有千年历史，堪称京城"银杏王"。金山寺附近的"大西山"又叫金山，因为有泉水涌出，竟有很多人背着容器，专程来此打水，只为品尝一口山泉的清甜。来此穿越的驴友还自创了很多地标名称，比如鹫峰景区里的一座防火瞭望塔，也被叫作"望京楼"，简直可以和百望山望京楼、"小西山"老望京楼及新望京楼合称"四大名楼"；在阳台山和凤凰岭之间，有一道高压输电线跨越山脊，自然被叫作"高压线"，成为纵贯大西山脊穿越的重要地标。

成熟的植被

然而，"大西山"最值得细细品味的景色，还在于这里的动植物。因为地势较"小西山"为高，人为干扰也较小，"大西山"的植被发育更成

大觉寺内古银杏　摄影/杨斧

熟，植物多样性更丰富。比如在山坡的灌丛中长有蚂蚱腿子，这是一种中国特产的菊科植物，它的特殊之处在于，它是北京菊科植物里唯一的木本植物，而且它是雌花、两性花异株——每年5月，一半的植株只开白花，花里既有雄蕊又有雌蕊，是两性花；另一半的植株只开淡紫色的花，花里只有雌蕊。

蚂蚱腿子　摄影/胡卉哲

在"大西山"西坡古香道附近，早春四五月份还能见到一种矮小秀丽的黄绿色野花在绽放，这是小顶冰花，在北京分布很少，是北京的珍稀植物。在萝芭地周围，还长着一片野生的黄檗林。黄檗木材黄色或黄褐色，质地坚硬，纹理美观，是"东北三大硬木"（黄檗、胡桃楸、水曲柳）之一。因为资源有限，野生黄檗树十分珍贵，应该得到很好的保护。在"大西山"山脊附近还能见到零星的华北落叶松。落叶松是松树的近亲，但是和终年常绿的松树不同，它在冬季要落叶，"落叶松"由此得名。落叶松也是珍贵的材用树种，应该好好呵护。

小顶冰花　摄影/彭博

"大西山"地形多样，比如在最北端的凤凰岭和白虎涧，因为山体以坚硬的花岗岩为主，所以形成了众多的悬崖峭壁，远望异峰突起，近观怪石嶙峋。不同的地形和岩性，也使植物的分布略有差异。比如在凤凰岭可以见到野生的小叶朴和小叶梣（chén），在别的地方就不容易见到。这样的野外经验积累多了，我们也就不难理解为什么山区往往是多样性的起源——岂止是生物多样性，甚至连山区居民的方言也丰富多彩，"五里不同音"呢！

早春三四月份，山桃和山杏相继盛开，随便找个视野开阔的地方，就能看到山坡上黑黝黝的榛莽中间点缀着无数的粉色云霭，让人感受到北国初春的热烈。深秋时节，杂木林中的山杏、元宝槭、黄栌叶竞相变红，又可以让人饱赏红叶之美。常人知道香山红叶是美景，殊不知香山红叶和大西山红叶本也没什么不同，与其到香山混入拥挤的人群，向前只能看到后脑勺，向后又只能看到人脸，何不到人迹较少的"大西山"来，静静欣赏红叶的雅致呢！

凤凰岭早春山桃　　摄影/杨斧

舞动的精灵

如果运气好，可以在"小西山"主峰附近看到一种大而美丽的蝴蝶，它们的翅膀展开可以达到75～123毫米，是北方体形最大的蝶类，常常闪着蓝绿色的翅面光泽沿山溪水道或林缘快速飞行，有时也会看到它停落在水边汲水，这就是北京的珍稀蝴蝶——绿带翠凤蝶了。为了繁衍后代，它们往往要飞越数千米去寻找伴侣。上面提到的黄檗，就是绿带翠凤蝶的寄主植物。

在"小西山"上还生长着一种叫北马兜铃的藤本植物。尽管这种植物因为含有马兜铃酸，对人有很强的毒性，但它却是丝带凤蝶的寄主，幼虫只以这种植物为食。丝带凤蝶也是十分漂亮的蝴蝶，雄蝶和雌蝶的翅膀下面都有两条尾状突起，雌蝶的尾突更长一些，仿佛是鸟的尾羽。丝带凤蝶的飞行姿势十分优美，特别是停落的过程，娴雅得令人惊叹。它们还常常比翼双飞，让人联想起死后化蝶的梁山伯与祝英台。

毫无疑问，"大西山"也是十分适合观赏猛禽的地点，比如鹫峰就是一个重要的观测点。其实鹫峰本名秀峰，后因其山岭兀然特立，像一只雄鹫，而改名"鹫峰"。巧的是，鹫正好也是一种猛禽，于是对于观猛来说，鹫峰这个名字又多了一重独特的意味。也许这也是为什么北京猛禽救助中心把很多放生猛禽的活动都选在鹫峰进行的原因吧！

实用信息

户外难度级别：初级—中级。
全年开放无封山期。

丝带凤蝶　*摄影/彭博*

开花的北马兜铃　*摄影/彭博*

认识野生植物

北京市具有至少1790种野生维管植物，大多分布在西部和北部的山区。由于观赏和拍摄植物十分简易，不一定需要非常昂贵的设备，因此如果能够认识一些野生植物，不用花太多的钱，就可以大大增进游玩的深度和趣味性。

◎ 工具书

认识植物需要一些工具书，最好还能掌握一定的专业术语。就北京地区而言，《常见野花》《常见树木》是两本不错的图鉴，收录较为全面，适合外出时随身携带。自然之友植物组编写的《教你认识北京的植物》虽然并不是图鉴，但是介绍了和北京植物有关的许多知识，读过之后，可以对北京植物的全貌有比较充分的了解。

◎ 掌握花果期

最易于鉴定植物的器官是花，其次是果。因此认识植物最好在花果期进行。同样，在拍摄植物照片时也要注意从不同角度拍摄花和果的照片，这样有助于对植物进行准确鉴定。

不同的植物花果期不同。在北京，春季（3月底至5月）和秋季（8月至10月初）是低山区植物的两个集中的开花季节，而高海拔山区植物的花季集中在夏季（6月至8月）。如果想要见到某种植物的花，就要了解它的花期，如果错过花期，就只能等待来年了。在开花的时候，我们很可能会得到额外收获，因为一些有趣的虫豸这时都会在花朵周围集体现身——除去长着大眼睛的各种虻、蜂以外，身披各色盔甲的甲虫是我们的主要目标；还有漂亮的蟹蛛，威猛的螳螂，凶狠的猎蝽，此时都耐心地隐藏在附

高山草甸　摄影/吴骁

侧金盏花 　摄影/宋晔

近，等待猎食那些粗心大意的访花客。要是能看到一只拖着长长飘带的大型凤蝶，那简直是对赏花人最大的奖赏了！

◎ 了解分布特征

　　植物的分布常常有比较明确的范围，比如槭叶铁线莲几乎只分布于北京西南部的石灰质山区，而野生的锦带花只分布在北京北部山区，却不见于西部山区。此外，不同海拔的植物常常是不同的，如胭脂花、大花杓兰等亚高山草甸野花只分布在海拔1500米以上的地方，而在低山区常见的漏芦、白头翁等在这样高的海拔却不见踪迹。有的植物还偏好于某种特殊的生境，比如香蒲等水生植物只能生于水中，而柔毛金腰等植物只能生于山林中的阴湿之处。了解这些分布和生境的信息，也有助于鉴定和寻找植物。

白头翁果 　摄影/杨斧

◎ 赏花人的原则

　　尽管有限度的采摘不会对植物生长造成严重影响，但是我们仍然主张在观植物时不要随意攀折枝条和花朵；特别是在亚高山草甸等生态脆弱的地区，以及上方山等珍稀植物较多的"热点"地区，更要禁止这种行为。

◎ 分享和学习

　　有一定基础的植物爱好者可以参加网上的讨论组，一起去发现北京的植物分布新纪录——比如2012年就有植物爱好者在北京北部遇到了侧金盏花，这种美丽的早春野花此前从未在北京发现过！

> **自 然 北 京**
> **无 痕 游**

只需两三个小时的车程，就可以远离城区的拥挤，一头扎进远郊的青山绿水之间。在五环外，分布着很多优美的自然景观：低山灌丛、河流浅滩、层峦叠嶂。蝴蝶翩然翻飞的翅膀上有荒野之美，蜿蜒的白河峡谷记录着远古的回声；顺流北上，可以拜访怀柔小村里鸳鸯的家园，转向西南，也可溯河寻访黑鹳的芳姿。

北京境内残存着多段长城，都散落在北部绵延的山峰上，是访古寻幽的好选择。这些古老的城墙并不寂寞，初春有山杏花雨，仲夏有荆条飘香，入秋有红叶满山，冬日有白雪飘飞。

松山秋日美景　摄影／郑丹丹

第三章 远郊野趣

远郊无痕提示

　　越往远处，自然环境逐渐成为主导，人工环境退为其次。但并不是说这些地方人为的影响就会减少。相反，正是由于一些不当的开发和修建，很多自然天成的景观被破坏。同时，缺乏管理的穿行、烧烤、露营等行为，也会给当地环境带来巨大的伤害，影响野生动物的生境。

　　驴友的行为在这些地方应慎之又慎，除了之前提到的对于垃圾的处理，在其他方面也应遵循"最低冲击"原则，尽量将影响降至最低，并让影响过的地方有机会恢复原状。因此，对驴友的无痕要求也更多、更高了。

◎ 在可承受的地面行走

　　登山或穿越自然区域的时候，应使用已有的道路或步道。不能随意走"捷径"或开辟新路。一来为了安全；二来可以避免更多的自然区域遭到踩踏。

　　行走的时候，要选择可承受的地面，如人工修葺的道路、岩石路、碎石地、沙土地、裸露坚硬的土地或耐踩踏的植被上。不能图一时方便而随意穿行和践踏植物，这样做不仅危险，而且会引来更多人跟随，可能又会出现一条不必要的路径，导致又一片自然区域被破坏。

◎ 户外露营需谨慎

　　露营的地点选择非常重要，不仅要考虑安全因素，而且要考虑对环境的影响。如果景区内有专供露营的区域，就应在规定区域内扎营，并遵守营地管理的规定。如果没有规定的露营区，则尽量寻找已经被人使用过的地点。

　　露营地点要选择可承受的地面，不可直接在生态脆弱的草地上扎营。好的露营地点是被发现的，而不是创造出来的，不要开拓新的区域。同时尽量把营地的面积控制在最小。如果在河岸地区扎营，确保距离水源至少60米远。离开时，要把营地周围的垃圾仔细清理干净，打包带走。并把地面尽量恢复成扎营前的状态。如果留下了一些人为的痕迹，可以用附近的落叶或沙土覆盖。

◎ 谨慎用火

　　如果要在野外用火，首先要确认当地是否有防火要求。北京大部分的山区从10月至次年5月都属于防火期，林区不允许任何明火使用。有些地方甚至终年禁火。

摄影 / 廖娜平

很多农家乐会提供烧烤服务，但请一定不要在野外烧烤。这样做不仅污染空气，而且会遗留很多的垃圾，如烧过的木炭、扔掉的包装、吃剩的厨余等。尤其是木炭，是很难在自然环境中消失的。很少有人能把这些垃圾带走，大都被留在当地变成污染源。北京郊区很多原本美丽的河滩上，都被星星点点烧烤遗留的垃圾所破坏，令人痛心。

需要明火时，要使用炉头，而不能制造篝火。火源应安放在岩石或裸露的沙地上。野炊时，尽量使用"一锅烩"的烹饪方式，食材少油、少盐。洗锅水应均匀抛洒到四周。用火结束后，将周围清理打扫干净，垃圾打包带走，不可用火燃烧塑料袋或包装纸。最后的灰烬可以用周围的落叶、沙土覆盖。

◎ 适当处理排泄物

随地大小便是非常不可取的，不仅令环境恶化，而且会带来严重的污染。但有时野外环境里又没有条件使用厕所，如何既能解决需要，又尽量减少排泄物对环境的影响呢？来尝试一下无痕猫洞（粪坑）法吧。

选择远离步道、水源，没有植被的一片土地开始挖坑。

每一次铲土按照挖出的顺序依次放好。

坑约20厘米深，20厘米宽。可以用小手铲比对。

便后用枯枝混土进行搅拌。手纸不可以放进去！推荐使用瓶盖扎眼的塑料瓶装水，用水洗便法。或尝试使用就近的树叶、树棍等。

以倒序方式把土填回洞中。

插上树枝作为记号。

摄影 / 廖娜平

缥缈妖娆的红叶岭　摄影／天马

自然程度	★★★☆☆	生态较为健康的人工次生林。
偏远程度	★★★☆☆	长途车可达，车程在两个小时之内。
游客密度	★★☆☆☆	尚未为人熟知，秋季时红叶岭游人相对较多。
管理程度	★★☆☆☆	有基础设施，路线完备，未来会增加游客中心、厕所、休憩处、露营区等。

闹中取静的八达岭森林公园

10 长城脚下的幽谷

　　一说到"八达岭"，可能北京人都会摇头，那可是全世界人民到中国看"长城"的地方。每年十一期间，近十万人登长城铸就"血肉长城"的壮观景象，多次上了新闻。平日周末，也是游客纷繁踏至、车水马龙不得安宁。

　　可是，就在这极度喧嚣热闹的长城景点八达岭和居庸关之间，却藏着一处鲜为人知的僻静之处——八达岭国家森林公园。

　　这个总面积4.4万亩的森林公园位于延庆县内，隶属于北京市八达岭林场。这里可以说是距离北京最近、自然生态保持良好的大型山野公园。这里的服务设施很少，也没有"人工娱乐设施"，更没有"室内娱乐项目"。有的只是本色、真实，甚至有些"杂乱"的自然。这显然不是一个普通意义上的公园，其景观面貌最大的特点就是一个"野"字。希望真正"会玩"的旅者，不要辜负了这片难得的纯净。

这里能够幸运地成为一个闹中取静的世外桃源，一是因为开放较晚，2006年才正式对外开放；二是管理部门八达岭林场对旅游开发态度谨慎。这里没有大肆做广告宣传，知道的游客不算多。而在森林文化主题的自然学习方面，公园却是下了功夫。林场还与自然之友合作开发了几项专门的课程和体验活动。中国大陆最早的"无痕山林"活动，也是在这里开展的。

八达岭森林公园内有三个景区，分别为红叶岭、青龙谷和丁香谷。这三个山谷各具特色，每个地点都能游玩半天到一天。有心的驴友可以多去几次，感受一下这几个山谷的不同之处。

◎ 宝贵的宁静——青龙谷

这是开发得最晚，也是自然景观最为丰富的地方。青龙谷内可以体验到穿行在幽深山谷的宁静，或是沿着翠绿的杏林徐徐登上缓坡，或是在斑驳的长城墙砖下品味岁月的沧桑。因为山路走的人少，途中总会遇见各种热情的野草闲花挡住去路，让人不由得将脚步放得更加轻巧了。

无论是春日雨雾中的山谷杏花，还是夏日满山飘荡的荆条香气；无论是艳阳高照，还是细雨微微，都能让人感受到自然的美好带给人心灵的舒畅。

残长城 摄影/吕军

不可攀爬残长城

八达岭森林公园内的青龙谷、红叶岭上都有明代长城遗迹，与关外的八达岭景点长城相连。虽名为"残"，也是经过修葺的。不过，为了保护这些年代久远的残长城，也是为了游人安全，这里的长城都禁止攀爬。游人可以沿着林间步道围着城墙观赏，但不应该攀爬踩踏，甚至破坏这些珍贵的文物古迹。

八达岭上的荆条 摄影/胡卉哲

"无痕山林" 活动 摄影/杨洋

丁香谷满谷溢香 摄影/韩广奇

自然之友的环境教育基地就设立在青龙谷里，定期举办各类活动，讲师团常在青龙谷开展"无痕山林"体验和培训。感兴趣的朋友可以关注自然之友网页。

◎ **六月映雪的丁香谷**

距离关外一步之遥，这里的季节似乎也比城里迟些。对于"一眨眼"就错过"春脖子"的城市人，可以慢慢品味春天的美好的地方，莫过于丁香谷了。

位于八达岭森林公园南面的丁香谷，里面生长的可并非娇柔小巧的紫丁香或白丁香，而是可以长成粗壮乔木的暴马丁香。不仅个子长得大，叶子长得宽，暴马丁香开花时的气势也非同寻常。小瀑布般的白色小花簇拥在枝头，尤其是那股特殊的强烈香气，离着山脚老远就已托山风送到游人的鼻尖。有人说它馥郁芳香，也有人觉得无福消受。到底怎样，还是要去现场亲自感受一下。

◎ **层林尽染红叶岭**

　　这里的秋来得很早。连绵大片的艳红，残长城如同围上了红色纱巾，分外妩媚，像极了幸福的十月新娘。因为近千亩，共计5万多株的红叶树（黄栌），将山岭烧得通红，此观赏红叶最佳的地方被命名为"红叶岭"。当城市尚未退去暑气，摄影师已经像最敏锐的猎人，长枪短炮地都扛到红叶岭来了。近年来观赏红叶的知名地点香山等地游客如织，人头攒动，似乎连红叶也感到疲惫而灰突突的，更让人们珍惜红叶岭的一抹浓艳。

阅读自然的天书

　　耀目的景观当中，八达岭森林公园还藏匿了很多"宝藏"，要靠您一双慧眼和一颗善于发现的心去寻找。

◎ **不一样的步道**

　　公园内的主路比较平直，看上去有些乏味。但细心的人不难发现，在山林之中，隐隐约约、断断续续，铺设了不同时代留下来的手工步道。而这些步道，据说是和德国、美国、韩国等不同国家的生态学家、林业专家共同探索、建造的。在这些步道、台阶上走走看，感受一下铺松针的路面是不是更柔软，长出小草的沙石台阶是不是多了几分趣味，以及用细沙和油松树干营造的路面，节奏有什么不一样。

　　您也可能会发现，有些步道或者台阶有些损毁的地方。这也是亲自然设计的"手做步道"特点所致。因为使用的材料是来自本地的木头、石头、沙石等，可能很快就会朽烂、碎裂。但我们只要再去寻找材料进行维护，这些坏掉的材料依然可以被自然降解、接纳，回归到环境中变成土壤。这样的营造

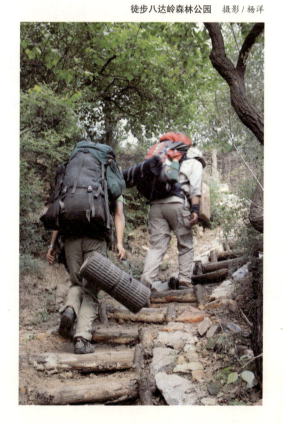

徒步八达岭森林公园　摄影／杨洋

志愿者在学习做步道 摄影／赵铁柱

关于"手做步道"

用当地的材料，最恰当的工法，用手工的方式，甚至以志愿者参与的方式来进行建造的步道被称为"手做步道"。它不同于用外来材料（尤其是水泥、柏油），或者是批量生产的道路、桥梁和台阶。"步道"原本就是为了人们可以更贴近大自然的时候，将自己对环境的破坏和干扰降到最低。而且，从行走来讲，坚硬的路面会伤害人的膝盖。从审美来说，也会因为其突兀、生硬而与环境格格不入。而对于原本是完整的自然环境中的生物，这样的"手做步道"，可以使它们有更多的空间可以穿行和容身，而不会因为一条路，将自己的生境活生生地阻断。

虽维护成本高，但能够避免让步道变成一条自然环境中千年不腐的永恒伤疤。

步道的维护也需要更多公众的参与。未来八达岭森林公园会和自然之友共同合作，让更多的人可以参与，了解和亲手建造这些步道。这可不仅仅是一个学习和干活的过程，更是把志愿服务与休闲度假结合在一起的新型"旅游"。

◎ "人"字形铁路

"铁路文化"是这里的另一个特色，詹天佑修建的中华第一条铁路——"人"字形铁路也在公园境内。有历史感的铁轨，老派风格的火车站，绿荫中穿行时呼啸而过头顶的火车……带给人别致的感受。坐火车到八达岭森林公园，不仅非常方便，也有种探寻历史的时空穿越感（青龙桥站暂未开放）。

古朴的老火车站 摄影／顾芳

实用信息

这里交通便利，从市区可搭乘长途车，也适合骑行出游。从北京北站可以搭乘S2线火车。这趟火车从延庆站可以搭载自行车！但是需要把自行车的前轮拆卸下来，然后才能拿上火车，或者使用折叠自行车。

开放时间：一般从5月开放至10月底，11月后进入封山防火季。

自然程度 ★★★☆☆ 人工湿地，但自然环境保护较好。
偏远程度 ★★★☆☆ 长途车可达，车程在两个小时以内。
游客密度 ★★★★☆ 观鸟季人流较多。
管理程度 ★★★☆☆ 高速直达，附近有餐饮、住宿等设施。

11 | **邂逅迁徙的鸟：野鸭湖**

　　出八达岭往延庆西北山脚下就到了野鸭湖。妫水河、桑干河、洋河三河汇流的地方本没有湖，20世纪50年代在这里修建了官厅水库。水库位于北京市延庆县的那部分与妫水古河道连接，这里河汊密布，多沼泽和滩涂，正处在鸟类的迁徙通道上。每年迁徙季节众多鸟儿在此落脚，故名野鸭湖。现在这里是"野鸭湖国家湿地公园"。

　　虽为湿地公园，这里却是田野、林地、草原、山区过渡带等各种环境兼而有之，这在京郊大地上可以说是独一份。春、夏去野鸭湖转一圈，黄鹂、椋（liáng）鸟、啄木鸟、蜡嘴雀在水库周边的林子里游来荡去，山雀、柳莺、燕雀等数不清的小鸟在枝头上跳跃。鹀类在林缘上空成群飞翔，鹛类结着小帮在林下灌丛里寻找着草籽和昆虫。田野草坝上蹿飞着山鹨、田鹨（liù），雉鸡喔喔地高声啼叫，声音传得很远。连北山里

延庆野鸭湖　摄影/吴岚

大天鹅　摄影/宋晔

的猛禽也会来此寻找猎物，鹰隼的身影一划而过，鹞子在水边草
地上长久地翩翩飞舞。最少见的是多年干旱竟成就了水库连带半
荒漠草原的景观。蒙古高原特有的百灵、云雀常驻在园区南面的
康西草原，连大陆东部少有的大鸨也选择在这里打尖休整。

　　但要论野鸭湖广阔的鸟类生活舞台上当之无愧的主角，那
还得说是水鸟。6800多公顷保护区，近4000公顷水面和滩涂，
南来北往数以万计的迁徙水鸟，在数量上就占据了绝对优势。
3种天鹅、5种鹤和在北京有分布的20多种野鸭，在这里都可以
见到。

春

　　每年初春候鸟到来的日子，是保护区的一大盛事。通常是
鸿雁和绿头鸭、赤麻鸭等最先到达，一群群降落在春寒料峭的
冰面上。随后是灰鹤、豆雁和更多的鸭类，大天鹅稍晚到达。
到了3月中下旬，鸥鹭，䴙䴘，还有一些雀类，陆续到达，这
时候的野鸭湖像是热闹的接待站，一片忙乱和喜气。

　　虽然冰面渐渐开化，但植物尚未发芽，可吃的东西还很少，
鸟儿一经安顿就各占一方，鸭类在水边寻找菹（zū）草根、稗籽

之类可吃的东西。天鹅一群群地漂浮在水上却不会潜水，只能伸着长脖子尽量往水下去寻找淤泥里的块茎或蚯蚓。雁们除了找些芦根和草芽之类还要去田野里捡拾点谷粒，它们多喜欢早晚或夜间进食，白天就把头插进翅膀蹲在小洲上休息。

鹤是这里的贵客。白头鹤生性胆小机警，很不容易见到；珍贵的白鹤更加隐逸如仙人，繁殖地总是选在大陆最北端的北极圈附近，数年里也就能见到几次它们的身影。白枕鹤、蓑羽鹤、灰鹤也都是国家保护的鸟类。这些超脱的涉禽，似乎不屑与别的鸟争食，总是离开湖面，到妫水河的浅滩里啄食些小螺和莎草之类。

冰面完全开化的时候，潜水鸟类大显身手，它们可以潜入水下数十秒找食，所以它们的食谱里就多了些小杂鱼等荤腥。诸如潜鸭、鸊鷉、鸬鹚等，从望远镜里端详着它们，一转眼七八只就剩了三四只，不一会儿那些小脑袋又从远远的水面上冒出来。鹳类、鹭类则干脆站在浅水里等待游过的小鱼上门，它们的食谱几乎全部由鱼虾构成。而滩涂和沼泽上，永远在忙忙碌碌地找食的，是小不点的鸻鹬和麦鸡的身影。

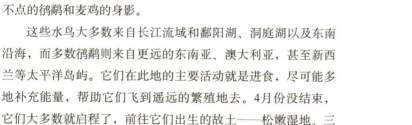

赤麻鸭　摄影/高翔

这些水鸟大多数来自长江流域和鄱阳湖、洞庭湖以及东南沿海，而多数鸻鹬则来自更远的东南亚、澳大利亚，甚至新西兰等太平洋岛屿。它们在此地的主要活动就是进食，尽可能多地补充能量，帮助它们飞到遥远的繁殖地去。4月份没结束，它们大多数就启程了，前往它们出生的故土——松嫩湿地、三江平原、兴安斯基大湿地，以及更远的北极圈冻土苔原。

夏

野鸭湖刚刚消停一点，南方的夏候鸟又飞来了。这些鸟的任务可完全不同。之前的鸟儿不顾一切地吃东西，现在的鸟儿

白琵鹭　摄影/宋晔

却有点漫不经心。雄鸟假装吃食，却偷眼到处逡巡。它们的模样儿渐渐俊俏：白鹭的颈后长出长翎，鹮鹭头上的羽毛渐渐鲜艳，各种各样的婚羽使你有时候会认不出它们。求偶期的鸟儿是忘我的，平时胆小羞怯的鸟炫耀起来也会旁若无人，或者百般风姿造作，或者卖力地筑巢表现，或者给雌鸟送上小鱼、小虫，或者跟竞争者大打出手。不久它们就一对对钻进草丛或树冠，去找地方繁殖了。这时的野鸭湖才真正可以清静下来。

夏天来野鸭湖观鸟和旅游的人很多，但是繁殖期的水鸟往往深居简出，挑拣僻静的地方孵卵。一些不参与孵卵的雄鸟，也要钻进人迹罕至的水草深处换羽，连飞翔都困难了。所以慕名而来的人常常抱怨除了绿头鸭和小鹮鹭，什么鸟也看不见。这会儿观鸟需要静下心来，对着望远镜屏气凝神，不多久就能发现蒲苇丛里毛茸茸的小鸭子已经跟着妈妈游进游出了。水鸟很多是早成鸟，出生就能游泳或者到处跑。连身量不大的小鹮鹭妈妈，也常常"背着抱着"的，不管是卧地休息，还是水中游泳，身上突然就冒出一两个小脑袋。鹮类多数瘦削娇小，可是一旦孵出小鸟就好像变大起来。天刚一下起雨，四散找食的小雏鸟就会赶快跑回来，钻进成鸟的翅膀底下，小妈妈一活动身下就露出一堆小脚杆，这场景让人无比感动。

小鹮鹭　摄影/吴秀山

这时的野鸭湖食物最是丰盛。香蒲、藨（biāo）草一簇簇一片片，齐刷刷地闪着新鲜的亮光，眼子菜下菹草丛中穿行着麦穗鱼、鳑鲏鱼和数不清的小虾；水底有贝类和蠕虫；水里有红虫和蜻蜓的幼虫水虿（chài）……河边潮湿的草丛里小鸟一钻进去嘴里就衔出七八只小虫，还有岸上的蜉蝣、蜘蛛、蜥蜴、青蛙……夏候鸟选择了食物最丰盛的季节来这里繁殖和养育它的孩子。

不要以为小螺、小虾、蠕虫、蚯蚓就是野鸭湖生物链的最底层，野鸭湖广大的水体里还潜藏着数量巨大的浮游藻类和浮游生物，又为螺蚌和鱼虾提供了食物，那是显微镜下的另一个世界。水库建设伊始黄土朝天，这样的食物链是不存在的，不到60年的演化，野鸭湖就成了一个产能庞大的生物园，这就是大自然的力量。不过，人类一个工厂的废水排放或一个建设项目上马，就可以轻易地让这演化的链条陷入混乱。

秋

春季的迁徙，鸟儿显得比较急切，即使停留，也是在等待前方冰雪融化，一俟气候合适，一大群鸟一日之间就会消失得无影无踪；而秋天的迁徙中，鸟儿就有点散漫了，它们走走停停，有时候还会绕个大弯。一夏天的辛劳终于结束，它们疲惫而松弛，充分地享受着食物和短暂的悠闲。有些鸟类会集成越来越大的群体，在绕着大圈飞翔的同时，整个群体向南方迁移。当它们到达野鸭湖的时候，已经形成令人惊诧的壮观阵势。鸟儿各有自己的群团，群与群远远近近做相对运动。黄昏当它们从四处飞来的时候，荒远的地面已沉入昏暗，天空却还光亮，星辰伴着流霞，幽蓝的天幕上到处都是飞舞的鸟影，无比壮阔，像奇幻影片的画面。这是北京观鸟人盛大的视觉盛宴，整个秋季网络上忙碌而兴奋，传递着鸟儿到来的信息。

候鸟迁徙

年复一年春去秋来，候鸟沿着相对固定的路线，往返于繁殖地和越冬地所做长距离的迁飞活动，叫作迁徙。它们中有的夏季飞来繁殖，秋季南去越冬，这样的候鸟称夏候鸟，如北京地区的家燕、伯劳等。秋、冬季飞来越冬，春季飞回北方繁殖的鸟类称冬候鸟，如北京地区的太平鸟、燕雀等。可见，同一种鸟在一个地区是夏候鸟，而在另一个地区则可能是冬候鸟。若迁徙经过本地，暂时休息，补充能量的鸟类称为旅鸟，如一些雁鸭、天鹅、黄雀等，它们春季从南方飞向北方的繁殖地，秋季从北方繁殖地飞往南方的越冬地，中途都要在北京停留。

野鸭湖之春 摄影/吴岚

这个季节的野鸭湖做到了尽量的慷慨，保护区不允许割草，不准打鱼，庄稼是只种不收，让鹤群、雁鸭自行啄食，每年还要补充一些粮食。让鸟儿能吃多少就吃多少。一些北来的鸟还要飞越千山万水去热带的椰林和海滨，而一些取食挑剔的鸟，比如白鹤，这一冬天就只能依靠鄱阳湖的几种草籽了。亿万年的地球变迁和鸟类进化，形成了鸟儿历尽艰辛不顾一切的迁徙习性，其中食物也是迁徙的一个重要因素。

灰鹤　摄影/高翔

冬

由于近年来的投食和招引措施，一些鸟类选择在野鸭湖留下来，由旅鸟变成了冬候鸟。现在每年冬天都有几百只灰鹤、大雁，数万只野鸭在这里过冬。

谢天谢地这里还有一片水域和原野，给了鸟儿一个家。冬日的晴天这里天空湛蓝，阴霾的寒夜鸟儿披着冰雪忍耐。想想一些鸟儿似乎从没见到过真正的夏天，即使筑巢在冻原上的花朵旁，也是伴随着晨昏的阵阵寒气。这是怎样顽强的生命和坚忍！

实用信息

如想观赏野鸟迁徙，需留意候鸟到达的时间。春、秋季节可通过自然之友野鸟会、北京观鸟会等本地观鸟团体的网站、微博等途径，查看最新"鸟情"。

自然程度 ★★★☆☆　生态较为健康的次生林。
偏远程度 ★★★☆☆　长途车可达，车程在两个小时之内。
游客密度 ★★★☆☆　游客较分散。
管理程度 ★★☆☆☆　有基础设施，路线完备，周围有少量餐饮、住宿等。

此松山非彼"嵩山"

12 山林溯溪：松山自然保护区

　　野鸭湖北边紧靠着松山。说起"sōng"山，很多人首先想到的是少林寺所在地河南嵩山。在北京延庆县，也有一座松山，位于海陀山南麓，地处燕山山脉的军都山中，距北京市区90千米。它是北京第一个国家级自然保护区，是北京市西北方向保存最好的生态系统，在水源涵养、抵御风沙及空气净化等方面，为首都北京作出了巨大贡献。

　　松山因松得名，华北地区唯一的大片天然油松林就分布于保护区内，保护区的重点保护对象正是以天然油松林为主的温带森林生态系统。保护区划出塘子沟部分区域，建成松山森林旅游区。架空于地表的生态游步道，安全地引导着游人。

松山树林　摄影/郑丹丹

天然油松林　图片提供：北京松山国家级自然保护区管理局

延庆有着北京"夏都"的美誉，而松山因受海拔和小地形影响，年平均气温7℃左右，比北京市区低4℃。炎炎夏日里的松山，满山苍翠，山泉叮咚，天然油松林散发出阵阵松香，绝对是避暑的好地方，堪称"夏都的夏都"。

和城里相比，松山的秋天来得更早。这里不光有黄栌、五角枫、栎树等多个红叶树种，还有大片金黄的白桦林和杨树林。9月下旬，当城里才稍稍有些凉意时，这里已经是层林尽染：金黄色的白桦、墨绿色的油松，或黄或红的黄栌，将高低起伏的山麓渲染成了一幅色彩缤纷的美丽画卷。松山是北京最高的看红叶的地方。相比于人头攒动的城内，在松山赏红叶多了几分幽静旷达。

重要提示

因为分布着大片易燃的油松林，保护区内严禁一切用火和扎营。请勿将打火机、火柴等火种带入保护区。

保护区大门附近的塘子浴温泉也是一个好去处。松山温泉自古闻名，郦道元《水经注》中就记载着"上有庙则次仲庙也，右出温汤，治疗百病"。且不细究温泉水中含了多少种元素、具有多少疗效，周边醉人的风景已经让这处温泉吸引力倍增。

熔岩的故事

游步道会把游人引向一处"松山熔岩故事地质解说游径"，这条主题小径的沿途可以看到许多有趣的地质现象。看似普通的石头，可能都装着千万年的漫长故事，步道边上的解说牌揭示了它们不凡的身世。

路边的山壁里为什么有这样一块一块连续排列的小石头？那其实是久远以前，岩浆侵入这块巨石的缝隙中后，在冷却时形成的岩脉。

有的大石头看起来像用混凝土把许多小石头粘在一起似的，它的形成与古代海水的淹没、消退和再次淹没有关。

有的石头上有一些小小的气孔，是岩浆冷却时其中的水分跑掉后形成的。

想了解更多吗？去松山实地看看那里的熔岩，自己阅读熔岩故事解说牌吧。

除了"松山熔岩故事地质解说游径"，旅游区内还有"松山自然保护区森林健康经营科普游径"和"植物生存三十六计主题游径"两条主题解说路径。

松山岩脉

游步道边带气孔的石头

松山游步道边的解说牌　摄影/郑丹丹

松山溯溪　摄影 / 胡卉哲

溯溪自然观察

在北京很少有一座山能像松山这样，从山下往山上走，一路上一直伴着潺潺溪水，在游步道的终点还能看到瀑布。沿游步道的溪水是松山山间溪流独特的湿地生态系统，溪水湿润了环境，为植物的繁茂提供了充足的水源。

沿溪边走在游步道上，来认识一下湿生植物吧。比如长得像芦苇，但个头矮一些的草芦，大名为"蔄（yì）草"，一丛丛别有风趣。其中零星分布着顶端有很大花序，开着紫红色花的落新妇。还有一株株开着五瓣黄花的水杨梅（路边青），花落后，长着一个个毛茸茸的圆形果实。

有时在较阴湿的岸边还会看到枝干半透明的水金凤，开着一朵朵鲜黄色娇嫩的花，花的后边还拖着一个长长的距，里边藏着花蜜。只有长了长长的口器的鳞翅目昆虫才吃得到蜜，顺便帮它传粉。

松山游步道边的清凉溪水

高出其他植物的剧毒植物乌头，开出的紫蓝色的像帽子的大花，非常艳丽，茎干和叶子长得像芹菜。在较高海拔的溪边还能见到开着白花的东陵八仙花，它是灌木，远远地就能看见。它有很大的花序，花序周边长着不育花，4片萼片看起来像白色的大花，其实这是为了吸引昆虫来给花序中央的两性花授粉，不久白色的花萼还会变成淡紫红色。

在清澈的溪水中常常能见到随水流摆动的绿色沉水植物水毛茛，夏季还开白色的花挺出水面，运气好的话还会见到珍稀的"北京水毛茛"。它们只生活在清洁无污染的水体中，算得上是水质检测仪呢。

松山的北京水毛茛

摄影／郑丹丹

紫啸鸫　摄影 / 王昀

红尾水鸲（雄）　摄影 / 吴秀山

　　清得见底的溪水中猛一看似乎没有动物，实际上有许多动物就喜欢这样的环境，到了平原就很难见到它们了。比如蜉蝣的幼虫，扁扁的身体六条腿、三分叉的尾。溪水中还能看见一种用沙粒粘成长长的管子来伪装自己的虫子。管子里藏着一条黑褐色的肉虫子，那是石蛾的幼虫。这些虫子虽然很小，但都有特殊的本事藏在石块下面不被溪水冲走。

　　溪水也为这里的众多鸟类提供了饮水、洗浴和觅食的场所，沿溪常能看见翠鸟、鹡鸰、红尾水鸲和紫啸鸫等鸟类。除了在溪边，在别的地方可很难见到紫啸鸫，远远地看好像全身黑色，其实它全身都是蓝紫色，背部有浅色斑点，在光线好时有金属光泽，往往成对活动，常在灌木丛中互相追逐，边飞边鸣，声音洪亮尖锐如箫，富有音韵。

实用信息

　　每年10月中旬到来年4月下旬是封山期。如果4月或10月前来，请联系松山自然保护区确认具体开放日期，电话：010-69112634 。

　　景区内有安全、便利的步道，精心设计的科普设施，特别适合亲子游。

　　景区外有少量商户，进入景区后没有商业设施，最好自带饮水和餐食。

　　住宿：保护区内西大庄科村一带有多处农家乐。

自然程度 ★★★☆☆ 生态较为健康的次生林。

偏远程度 ★★★☆☆ 长途车可达，车程在两个小时之内。

游客密度 ★★☆☆☆ 游客较分散。

管理程度 ★★☆☆☆ 有基础设施，路线完备，周围有少量餐饮、住宿等。

兰角沟位于松山自然保护区内，东邻松山景区，西邻西大庄科村。是那些去西大庄科登海陀山的驴友们，和那些坐着旅游大巴去松山景区的游客，总会路过、但又常常忽略的一条神秘山谷。

沟口海拔大约900米，从这里溯流而上，兰角沟全程总约8千米，分为两段。一段为人工开发的白灰路，现在已经延长到一个废弃小山村前，可以驱车直接进入兰角沟的核心区。这段白灰路之后，是只能徒步的山林小路，车辆无法前行，然而物种远比通车路段丰富多样。

13 慢游生命乐园：兰角沟

兰角沟的秋天 摄影 / 彭博

在清澈的溪水中游动的水黾　摄影/彭博

生命之网

　　这段幽静的山谷，全长不到10千米，但是醉心于花鸟草虫的自然爱好者，却可以在这里走上整整一天，尤其是在道路拓宽、延长之前。在这里急行军就太可惜了。请放慢脚步，因为几乎每走几步都会有一些新奇有趣的动、植物吸引你的视线。岩壁上、沟谷里星星点点的野花随季节变换着色彩。花鼠和岩松鼠时常出没。林中各种鸣禽在歌唱，空中时常有猛禽盘旋或是掠过。水塘里条鳅、花鳅等原生鱼类以及螳蜋、水黾、龙虱等水生昆虫种类繁多，数量惊人。半水生的蜻蜓、色螅（cōng）、蜉蝣、鱼蛉等

绿豹蛱蝶（雌）　摄影/彭博

珍稀蝶类——明窗蛱蝶　摄影/彭博

昆虫也很常见。蜉蝣的生命大多只有一天至两天，成了朝生暮死的代表。但是，它们在集中羽化的时节里，数量十分庞大，足以令观者震撼。极其丰富的物种资源，在兰角沟形成海、陆、空立体交织的生命之网。

兰角沟的植物种类非常丰富，足以吸引种类众多的昆虫，这是单一培植的人工林所不能比的。兰角沟丰富的昆虫资源正是受益于这里植物的多样性。在这里有成片的核桃楸、椿树、桦木、白蜡树、栎树、槭树等落叶阔叶树种组成的杂木林；也有以油松、侧柏和栎树、椴树等组成的针阔混交林；还有油松、云杉、落叶松为主的针叶林。林下还分布着多种小乔木和落叶灌木，草本植物也十分丰富。

典型的例子如蝴蝶类，以堇菜、绣线菊、鼠李等植物为寄主的各类灰蝶；以榆树、荨麻、朴树、柳树等为寄主的各类蛱蝶；以及以十字花科、蔷薇科等植物为寄主的粉蝶，还有以黄檗、马兜铃、伞形科、芸香科植物为寄主的各类极其美丽的凤蝶，在兰角沟都随处可见，令这片美丽的山林更加迷人。

金环胡蜂　摄影/彭博

夜晚赏昆

观赏夜间活动的昆虫，要利用其趋光性灯诱。在螽(zhōng)斯、蝗虫、蟋蟀等各种鸣虫的演奏声中挂起诱布，架起黑光灯，做好准备。兰角沟生物资源极其丰富，夜幕刚刚降临，昆虫的盛大集会就开始了。铺天盖地的蛾子从密林中被召唤而来，其中不乏北京较为少见的萝纹蛾、绿尾天蚕蛾、紫光盾天蛾、榆绿天蛾、红天蛾、樗(chū)蚕蛾等大型蛾类；还有北京地区较为珍稀的昆虫如汉优螳蛉、东方巨齿蛉、绿步甲等。多年以来，这条神奇的沟谷都不曾让昆虫爱好者失望，不断发现的各类新物种带来无限的惊喜和快乐。

尖钩粉蝶　摄影/彭博

木、虫、鸟、兽

种类丰富、数量庞大的昆虫对鸟儿来说是太有吸引力的食物宝库，尤其在繁殖季和迁徙季。于是每年的4月至10月，兰角沟成为观鸟的胜地。早春当树木刚刚萌发之时，便有众多从

黄腹山雀　摄影 / 李强

虎斑颈槽蛇　摄影 / 彭博

南方返回北方繁殖的旅鸟及候鸟来到这里，兰角沟变得异常喧闹。各类鸣禽如北红尾鸲、黄腹山雀、银喉长尾山雀、白鹡鸰、灰鹡鸰、棕头鸦雀、红嘴蓝鹊，以及各种柳莺陆续来到这里觅食嬉戏。紧随其后，猛禽也开始多了起来，各类鹰、隼、鵟、雕、鸢、鸮等也时常可以看到。兰角沟口处的崖壁上有一处金雕巢穴，每年都会有一对儿金雕夫妇养育雏鸟，成为北京地区一处著名的观鸟点。

兰角沟入口处不远还有一大片裸岩地带，总会有岩松鼠、褐家鼠等啮齿类动物出没，还有山地麻蜥、壁虎等各种蜥蜴，这为各种蛇类提供了丰富的食物。这里分布着蝮蛇、赤峰锦蛇、虎斑颈槽蛇、黄脊游蛇、白条锦蛇等蛇类。偶尔出现的猪獾更会带来惊喜。

猪獾　摄影 / 彭博

实用信息

交通：兰角沟在松山国家级自然保护区之内，也是前往西大庄科的必经之地。交通信息参见前文《山林溯溪——松山自然保护区》。

食宿：沟口有农家院，食宿方便。

野外常见昆虫

摄影/彭博

　　自然界中的昆虫种类繁多，形态各异。如果想要走进昆虫的世界，就要从最常见的昆虫开始。一些最普通的种类是我们开始观察昆虫的最好目标，比如花丛中飞舞的蝴蝶、溪流边停落的蜻蜓、草丛中乱蹦的蚂蚱、树干上相互角逐的甲虫，以及夜晚不停唱歌的螽斯和蟋蟀。只要悉心寻找，就一定可以发现。做到"能找到"之后，可以慢慢增加对它们的生活习性的了解。下面是一些常见但并不是人人叫得出名字的昆虫。

食虫虻

黑盾胡蜂的巢

斑锦蛾

杨叶甲

二纹柱萤叶甲

长角蛾

蜂虻

孔雀蛱蝶

自然程度 ★★★☆☆ 生态较为健康的次生林。
偏远程度 ★★★☆☆ 长途车可达，车程在两个小时之内。
游客密度 ★★★☆☆ 游客较分散。
管理程度 ★★☆☆☆ 有基础设施，路线完备，周围有少量餐饮、住宿等。

大自然在这里悄然复苏：西大庄科

14

远眺西大庄科　摄影／吕军

　　小山村大庄科位于松山国家自然保护区境内，隶属于延庆县张山营镇。为了与延庆县东南的大庄科乡区别，人们往往称其为"西大庄科"。

　　晴好的天气，站在村头向北眺望，隐约可见海陀山巍峨的身躯高耸于群峰之巅。高大的海陀山，冬季阻挡了北下的寒冷空气，夏季滞留了南上的暖湿气流，为这一带打造了宜于温带森林植被繁衍生息的气候条件。较丰富的降水和高山峡谷地貌，令山谷中溪流涌现。村旁两条小溪轻盈地绕过，在距村东口不远处相汇，然后向东流淌，成为佛峪口河的上游。这两条小溪水流平缓，却也常年不绝，一路欢歌。

　　西大庄科，正处在喜爱登山远足的驴友穿越大小海陀、松山等地的经典路线上。寻找乡村休闲度假场所的退休老人，也喜爱这里的清静宜人。而对热爱山林，热衷于探索自然奥秘的人们来说，西大庄科更是有着特别的魅力，因为在这座小山村周围，可以直观、清晰地观察天然林的自然恢复——当然，也只是自然演替这首长诗中的一个片段。

自然恢复的山林

西大庄科村有20多户人家，常住人口仅有七八十人。这里的村民祖祖辈辈靠农田和山林生活。村周围几千米范围内较平缓的山坡和谷地都曾被开垦为农田，种植玉米、小麦和马铃薯。此地气候条件较好，宽谷台地的土层较厚，适于耕耘，农作物产量也比较高。由于经济和社会方面的种种原因，20世纪中后期开始，一些被开垦的农田又陆续被弃耕而"荒芜"，重新回到了自然的怀抱，为本地适生树种的自然繁衍成林创造了条件。尤其是1986年松山国家级自然保护区的建立，使位于保护区中部的大庄科村周围的残存和新生的山林得到了有效保护，无需人工造林，一片片山林纯靠自然之力悄然出现在这座小山村的弃耕地上。

弃耕地天然林下的腐殖质和丰富的植被　　摄影/胡卉哲

林 地

西大庄科村所在的延庆县西南部的松山、海陀山地区，山峦起伏、沟谷纵横。由于人类的长期砍伐破坏，这一带的原始森林早已荡然无存，自然繁衍形成的天然次生林又经历代反复砍伐，仅在个别地点有少量的天然油松林残存。现在山的阴坡、半阴坡和沟谷两侧形成了以山杨、桦树、白蜡树、榆树、朴树、栎树、槭树、椴树、核桃楸等落叶阔叶树种组成的杂木林；在某些阳光较充裕的山坡上形成了山杨、桦树纯林和混交林；而湿润的山谷溪水两侧则有核桃楸林分布；在较干

燥的中低山阳坡，形成了以山杏、红花锦鸡儿、小叶鼠李等小乔木和灌木为主的旱生植物群落；在海拔1800米以上，则形成了较大面积的亚高山草地和灌丛，这里虽然山花烂漫，却也是原始森林消亡后的挽歌。

令人尚有几分欣慰的是，虽然原始林殆尽了，天然次生林也支离破碎，但物种多样性仍较丰富，据初步统计，松山、海陀山地区有维管植物近800种，其中落叶阔叶树种资源尤为丰富，为天然林的恢复和发展奠定了基础。

弃耕地内，在山杨的庇护下，栎树已悄然"醒来"，这里将是它们的天下　　摄影/杨斧

大庄科式的"弃耕还林"并非在统一指令下进行，因此在时间和地域上的差异造成了天然林外观（林相）和树种组成上的变化。读懂这种变化就读懂了大自然写的"天书"中的一页，天然林自然恢复的变化过程一览无余。

随着弃耕时间越来越久，树种的组成和森林外观在悄然改变。距道路最近山坡上的林子，弃耕时间最短，乔木树种几乎都由喜阳、速生，但寿命较短的山杨等这类"先锋树种"组成；距离道路越远，弃耕时间也越是久远，与山杨同属于"先锋树种"，但长势次于山杨，寿命却较长的桦树逐渐增多；弃耕时间更早的林中，山杨等"先锋树种"的优势基本殆尽，槭树、椴树、栎树等一些幼苗不耐强光照射，生长较慢，但寿命相对较长的树种，凭借"后发制人"的生物学特性，在林中逐渐占据主导地位；在弃耕时间最早的地块，由多种落叶阔叶树种组成的"杂木林"已初见端倪，要不是残存的梯田围堰，已无法看出曾经农耕的痕迹。如果我们有足够长的寿命，可能在若干年后见到油松与栎树为主的针阔混交林重现的精彩一幕，但前提是，人类不要再破坏和改造这片山林，这里的环境也不再恶化。

核桃楸花序 摄影／杨斧

暴马丁香 摄影／杨斧

野花盛开的幽谷

弃耕后，村东"人头沟"口溪流两侧渐渐生长起大片核桃楸林，每到春夏之际，层层叠翠。当地百姓俗称这种胡桃科乔木为"楸树"。这片可谓西大庄科镇村之宝的核桃楸林也是弃耕后的产物，林中曾经划分田块的堆石清晰可见。宽谷地形和常年流淌的溪水，在保证较充足阳光的同时又提供了高于山坡中上部的湿度，满足了核桃楸既喜光又喜湿的特

西大庄科的野花 摄影／胡卉哲

牛扁 摄影／刘华杰

性，于是自然而然地在这里茂盛成林。实测表明，其中一些胸径30厘米左右，高近18米的核桃楸树，树龄已达30年。

"人头沟"是从大庄科村东口向北延伸，直达海陀山山脊下的一条长达五六千米的山谷。过去山谷中曾有寺庙和散居的村民，如今房屋早已坍塌，残留的石碑和磨盘也已被灌木和野草掩盖，但前人踏出的小路仍清晰可见。这些年登海陀山的人纷至沓来，这条小路又成了登山和穿越者的必经之路。原始的小路虽然踏上去不如旅游景区中的大道那么舒适，但沿途的植被却幸而得以保全。

"人头沟"是西大庄科附近最令山花爱好者留恋的山谷，几百种有花植物汇聚一堂，不仅在北京地区罕见，就是在华北地区这样的山谷也不一般。每年从4月到9月，"人头沟"中的山花此起彼伏，令传粉昆虫几无闲暇之日。

一些在北京其他地区难得一见的野花，如短茎马先蒿、泡囊草、银线草、齿瓣延胡索等，都在"人头沟"溪边和路旁一展风采。

山谷中最出风头的还要数盛开时繁花缀满枝头的树木。早春盛开的迎红杜鹃、榆叶梅、山杏如火如荼，冷清一冬的山谷顿时热烈起来；接踵而至的三裂绣线菊、土庄绣线菊、大花溲疏、小花溲疏、太平花、暴马丁香、照山白，皆是满树白花而形态各异；尤为壮观的是仲夏盛开的小叶椴，让大片山坡和岩壁盖满白花，山谷中香气馥郁，形成醉人的"幽谷椴香"。椴树是与荆条、酸枣比肩的著名蜜源植物。北京地区分布的椴树主要是小叶椴（又称蒙椴）和大叶椴（又称糠椴），两者在西大庄科附近都有分布，小叶椴尤其是这里的次生杂木林的重要树种之一。

夏秋之际，"人头沟"中又成了众多高大草花的天下：败酱科的黄花龙牙舒展着宽大的花序；唇形科的糙苏，跻身于路边的灌丛中，一朵朵淡紫红色的唇形小花朝向四方，静候传粉昆虫；水边的菊科植物牛蒡，身高与成人齐眉，基部的叶片大过荷叶，而头状花序却很低调，开放时仅在中部略露出数朵紫色小花，令传粉昆虫几无立足之地；而伞形科短毛独活的花序却与牛蒡相反，许多小伞形花序生于一把大伞各枝的顶端，众多白色小花在伞顶形成一个巨大的平面，任传粉者在其上自由活动。

在夏秋开放的山花中，有两种花朵如戴头盔的毛茛科植物，外表看去十分奇特，体内却含剧毒物质。其中开放略早，花朵黄白色，"头盔"高挑的是牛扁；另一种花开较晚，花朵蓝紫色，"头盔"低圆一些的是北乌头。后者叶片曾被游人当作野菜误食，出过人命。其实在自然界中有毒植物并不罕见，它们体内的有毒物质是防身的化学武器，正确识别这些有毒植物，也是山野之旅的必修课之一。

北乌头

短毛独活

牛蒡

齿瓣延胡索

摄影/杨斧

实用信息

进入松山国家级自然保护区大门后，沿山谷逆溪流而上再行5千米，海拔约升高300米，就到了村口。

食宿：村内有几家村民办的农家乐，食宿方便。

扩展阅读

山间野树

　　走在低山小径上，路边总有很多高高矮矮的树木相随。虽然它们不一定高大挺拔，却代表了北京的山丘上最熟悉常见的植物，算是真正"扎根"本地的老土著了。它们用花朵、绿叶和果实在不同的季节装点着山丘。登山的时候，不妨和这些野树杂藤打个招呼。

山杏花　摄影/胡卉哲

◎ 4月：早开的山桃与山杏

　　山桃和山杏是最早带来初春消息的姊妹花。每到4月，一团团早开的山桃和山杏，就如同粉白色的云霞浮起在光秃的山坡上。一个月后，这些花朵就会落下，留下满树小小的杏子和毛桃。

　　山桃和山杏是北京常见的野生小乔木。它们身形矮壮，成片生长，树形看上去差不多，但是从叶子的形状和树干的颜色，还是能分辨出的。山桃花和山杏花也很相似，但杏花的萼片向外翻，如同一个小折领。

◎ 5月：开白花的灌木

　　北方山谷的春天是最妩媚的，很多灌木开出白色的小花，在团团新绿的映衬下格外明亮。这些开白花的植物不尽相同，下次登山经过的时候可以好好分辨一下。

　　有着细巧精致叶片的是三裂绣线菊。它开花虽小，但许多小小的白色花朵攒成一个圆形的花球，在阳光下十分耀眼夺目。

　　大花溲疏和小花溲疏。顾名思义，大花溲疏的花朵大一些，花瓣五裂，黄色花蕊。花儿朵朵相依，茂盛时如同一片铺满山坡的星星。小花溲疏的花朵更小，黄色的花蕊显得更长，开放时经常十几朵簇拥在一起。

　　另外像更高一些的小乔木如山荆子、杜梨等，盛开时也是满树繁花如雪的动人姿态。

大花溲疏　摄影/胡卉哲

◎ 6月："荆"与"棘"

　　荆条在古代单称一个"荆"字，酸枣古名"棘"，如果你见过北京低山区的荆条—酸枣灌丛的话，就不难亲身体会到成语"披荆斩棘"所形容的是多么艰难的事业了。

　　荆条在6月开紫色密密的小花，给山谷带来阵阵香气。有名的"荆条蜜"就是由此而来。荆条的枝干光滑而有弹性，根也扎得深。若走在山路上一时不稳，可抓住荆条枝子。

　　不过一定看准了，千万别抓住酸枣树的枝子。酸枣的枝干上布满了硬刺，且为360°无死角排列。有时候酸枣上还潜伏着浑身参刺儿，俗称"洋辣子"的刺蛾幼虫，不小心碰一下会疼很久。

酸枣　摄影/胡卉哲

◎ 6~8月：夏日幽香——薄皮木

进入六七月初夏，薄皮木吐出了串串粉色小星星一样的花朵。薄皮木长得很矮小，虽名为"木"，但很多草长得可比它高多啦。它的枝条和叶片都是细细瘦瘦的，开花也是小小的。停下来凑近看看，有没有闻到一股甜蜜的花香？

◎ 9月：挂"黑枣"的君迁子

君迁子，俗名黑枣树。但它不是枣树，是柿树科柿属的植物，树上结出的"枣子"也更像长不大的黄色小柿子。君迁子可以用作柿树嫁接的砧木。有时候我们看到柿树的树干颜色上深下浅，就是因为用君迁子嫁接的缘故。君迁子的果实秋季变黄，入冬变黑，经过晾晒加工可以做成果脯，但万万不能从树上摘下来生吃，就和吃涩柿子一样，会把嘴巴麻掉的。

薄皮木　摄影/杨斧

◎ 10~11月：金秋红叶

北京的"香山红叶"可谓驰名中外，开辟了秋日赏红叶的一代潮流。所谓"赏红叶"，其实就是"赏秋叶"。入秋后北方山坡的杂木林竞相变色，树叶斑斓多彩，形成丰富亮丽的景观。能够形成"红叶"景观的树被称为"彩叶树种"，包括很多种树，这里介绍其中的几种。

元宝槭是最为人熟知的"红叶"树了。它是北京最常见的槭树，有着五角形的叶子，到秋季会变红。它的果实两两成对生长，每个果实的果皮都延长成翅，合在一起呈元宝状，"元宝槭"由此得名。

黄栌，可以说是构成"红叶"的重要角色。它的叶子入秋后由绿转红，鲜艳夺目。成片黄栌红叶真是如同燃烧的彩霞般热烈。黄栌还有一个名字叫"烟树"，是因为它夏初开花时有淡紫色羽毛状的花序，远望如同缠绕树间的轻烟。

栾树，它的叶子一生会呈现出三种颜色：初生的时候是深红色，展开之后成为绿色，到秋季又变成明黄色。栾树的花在夏季开放，也是鲜黄耀眼，远远就可以看到；栾树的果实则像铃铛一样，看上去别有趣味。

黑枣（花）　摄影/杨斧

八达岭红叶（黄栌）　摄影/张学红

元宝槭　摄影/胡卉哲

自然程度 ★★★☆☆　生态较为健康的人工次生林。
偏远程度 ★★★☆☆　长途车可达，车程在两个小时之内。
游客密度 ★★☆☆☆　游人较为分散，但节假日人流会较多。
管理程度 ★★☆☆☆　有基础设施，路线完备，未来会增加游客中心、厕所、休憩处、露营区等。

野生植物『热点』区：上方山

15

喀斯特作用

碳酸盐难溶于纯水，却可以溶于弱酸性的水中；而如果水中溶解了二氧化碳，就会呈现弱酸性。就这样，构成这些山脉顶层的碳酸盐类岩石从此开始受到流水的不断溶蚀，在地质学上，这种流水溶蚀碳酸盐类岩石的地质作用就叫作喀斯特作用（也叫岩溶作用）。

上方山位于北京市西南的房山区中部韩村河镇境内，属于西山山脉的一部。上方山的主峰叫天柱峰，海拔860米，在北京西部和北部的群山中并不突出。然而，要感受北京的野生山林，上方山不可不去，这要归功于它独特的岩溶地貌和植物种类。

喀斯特地貌

北京西南部的西山山脉广布着碳酸盐类岩石，又称石灰岩。这些岩石中有相当部分是在10多亿年前的中元古代形成的。发生在大约4亿年前古生代奥陶纪的地质运动，西山地区形成剧烈的褶皱和断裂，让原本的海底出露水面，成为山脉。喀斯特作用在漫长的时间里积累着影响力，特别是到了几千万年前的新生代，北京地区气候湿热，与今天的桂林类似，西山发生了更为强烈的喀斯特作用，形成了许多溶洞、峰林、峭壁、深谷等喀斯特地貌，塑造了北京西南许多秀美的自然风光。

上方山就是北京西山喀斯特地貌中最有名的风景区之一，目前已经开辟为国家森林公园。它还是2006年获得联合国教科文组织批准的房山世界地质公园的一部分。

登山线路

上方山景区有东、西两个门，门内各自对着一道深谷。这两道深谷都是溶蚀谷，是溶洞或者地下暗河的顶部岩石塌陷而暴露于地表形成的深谷。

东门所对的深谷相对较宽，地势略缓和，仅在中部以上有一段路较为陡峭，这段路就成为景点"发汗岭"和"云梯"。在这条深谷顶端不远，还有著名的景点"天坑"。天坑在地质学上叫"崩塌漏斗"，坑的下部本来是一个隐藏在地面之下的溶洞，当溶洞的顶端承受不住上方岩层的重量而崩塌之后，溶洞就暴露出来，成为天坑了。这种喀斯特地貌在中国南方比较常见，但在北方却极为少见。

"7·21"山洪暴发后的痕迹　摄影/彭博

和景区东门不同，西门所对的深谷又窄又陡，全程大部都修建成"西路云梯"景点。置身其中，只见下方是幽深的谷底，上方是狭如一线的天空，粗犷的石梯一侧是陡峭的山崖，另一侧只有粗大的铁链供人攀扶。北京最早开发的溶洞——云水洞就位于这条深谷的顶端。

登山新手建议选择从东门进，沿东线上山，到云水洞之后再根据体力选择步行下山或乘坐缆车下山。有一定经验的登山者可以选择从西线上山。一般当日即可从市区来回，但如果要细细观赏拍摄山上的珍稀特有植物，也可以在附近住宿一晚。从景区向外尚有几条小路，可供穿越之用。

"热点"区的植物

上方山的石灰质土壤，向阳的地势和复杂的地形，使这里成为北京市野生植物分布的一个"热点"地区。在东线下部山

安全提示

山路陡急，注意保护膝关节和其他关节，并注意坠崖、落石等风险。如果不熟悉路况，慎勿擅自穿越。上方山的降雨集中在夏季，2012年北京"7·21"暴雨曾引发山洪，对景区造成严重破坏。如果登山时碰到下雨，切记以安全为要。

上方山国家森林公园　摄影/赵洪山

谷的杂木林中还生有黄连木、漆树、北枳椇（jǔ）、盐肤木、苦木等亚热带性树种，其中的北枳椇很有特色，在果实成熟时，下方的果柄和果序柄会膨大成弯弯曲曲的念珠状，因为富含糖分，吃起来是甜的，所以叫作"拐枣"。拐枣与黄精、香椿号称"上方山三宝"，是极具特色的山货。

在东线的上部山谷中生有独角莲、一把伞南星、虎掌、中华秋海棠等叶形奇特的植物。其中，中华秋海棠是北京城里常见栽培的观赏草花四季海棠（也叫玻璃翠）的近亲，也是北京唯一的一种野生秋海棠类植物。在山脊上生有臭檀吴萸、鞘柄

中华秋海棠　摄影/杨斧

独根草　摄影/彭博

雀儿舌头　摄影/彭博

菝（bá）葜（qiā）、省沽油、宝
铎草、少脉雀梅藤、北京锦鸡儿等
北京地区少见或仅见的珍稀植物，
其中北京锦鸡儿更是以"北京"为
名。在西线山谷中则可以见到河北
木蓝、绵枣儿、三花莸（yóu）等。

无论是东线还是西线，在山崖
上都生有独根草、槭叶铁线莲、旋
蒴苣苔、银粉背蕨、铁线蕨等石生
植物，它们专门长在富含石灰质的
山崖上。特别是春夏之交的四五月

一把伞南星　摄影／杨斧

份，独根草的粉红色花朵和槭叶铁线莲的白色花朵几乎同时开
放，在山崖上点缀出热烈的气息。独根草和槭叶铁线莲都是很
有特色的植物。独根草在开花时没有叶，要到花谢之后才长出
唯一的一片叶子。槭叶铁线莲看上去是草本植物，其实是一种
小灌木，它只产于西山山脉，不仅是中国特有植物，以前甚至
还长期被当成是北京特有植物呢！

佛教名山

上方山还是一座佛教名山。早在1400多年前的南北朝东魏
孝静帝天平二年（535年），就有僧人来此开山建寺，从此逐
渐形成了以隋代所建的兜率寺为中心，由72座寺庙和众多佛
塔组成的寺庙群、古塔群。明清两代，上方山更受推崇，成
为京畿最重要的佛教圣地之一。兜率寺曾经藏有两部珍贵的明
版《大藏经》，寺后还有《佛说四十二章经》的明代石刻。如
今，虽然多数寺庙已经成为遗址，但是寺庙周边由僧人手植的
古树，仍然多有遗存。这里的古柏（侧柏）、古松（油柏）、
古槐、古银杏，均高耸参天，见证了上方山的辉煌历史。此
外，在上方山东北方的石经山，也是佛教名山，因为从隋代起
就在这里刊刻石经而得名。京郊著名佛寺云居寺就建在石经山
脚下。上方山和云居寺不仅共同构成了房山世界地质公园的一
个园区，也共同构成了北京佛教文化的一个中心。

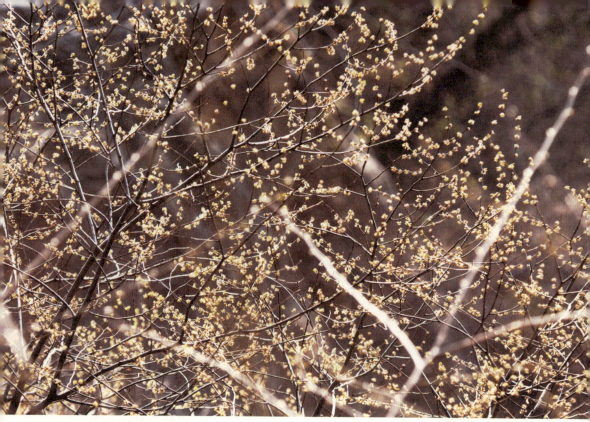

青檀开花　摄影／彭博

青檀的叶与果　摄影／杨斧

青檀林

在东线的山谷中有一片青檀林，其中有一棵枝条虬曲的古树，下有石刻"古檀"二字。青檀是典型的石灰质地区（指土壤中富含碳酸钙的地区）树种，从华北到西南地区的石灰质山区都能见到它的身影，其树皮是制作宣纸的原料之一。在中国古代，"檀"字本来就指青檀，《诗经·魏风·伐檀》中说"坎坎伐檀兮"，所伐之树正是青檀。

上方山历史人文痕迹的丰富，说明人类对这个地区的干扰相当频繁。但值得一提的是，上方山的生态环境经过长达千年的人为干扰，却并没有受到过多的负面影响，反而真正形成了人与自然和谐共处的理想局面。各种珍稀野生植物仍然繁茂生长，而僧人又把银杏、香荚蒾（探春）等佛教植物引种到山上，进一步丰富了上方山的植物种类（还有学者推测，甚至连拐枣、省沽油等树种也可能是从别处引入上方山栽培的）。有趣的是，僧人在山上大量种植侧柏（这也是一种喜欢石灰质土壤的树种）之后，以侧柏枝叶为主食的复齿鼯鼠（俗名"飞鼠"）也被吸引而来，一度成为上方山上的常见兽类，这又增加了上方山的动物多样性。

上方山的例子证明，这样的人与自然相辅相成的奇迹在中国也能发生，甚至还可以认为是中华传统文化的一部分。上方山的生态文明史，对于今天的景区开发和生态建设无疑具有很大的启发意义。

自然程度 ★★★☆☆	山形水系基本完整，但修路对景观影响较多。	
偏远程度 ★★★☆☆	长途车可达，车程在两个小时之内。	
游客密度 ★★★☆☆	开发较早的成熟旅游区，逢节假日景区内人流较多。	
管理程度 ★★★★☆	交通便利，餐饮、住宿、游乐设施等遍布景区。	

山水交响曲

16 | 地质画廊：十渡

　　十渡自然风景区位于北京西南部。距北京主城区80多千米。景区范围自北京房山区张坊镇片上村沿拒马河一直到十渡镇大沙地，河谷两侧出露的基岩几乎都是水可溶性岩石，形成30多千米的自然山水画廊，是中国北方唯一的一处大规模喀斯特峰林大峡谷。

　　如果从高空鸟瞰，十渡景区是一条在山岭间蜿蜒行进的河谷，由拒马河切割太行山脉北端而形成。古代的拒马河水量丰沛，每拐一个大弯进一个村庄就有一个渡口，在20千米内共有10道河湾，有十个渡口，十渡也就由此而得名。20世纪后修了

拒马河卫星地图 （图源：Google Mapes）

九脸画山　摄影/高武

现代化的大桥，已没有真正的渡口了，但是十渡的名字却一直沿用至今，甚至扩展为十八渡。

十渡自然风景区的山体是太行山脉北段中最高、最陡峭，也是最典型的喀斯特地貌峰林大峡谷。景区水域的重要组成部分是拒马河，它来自于太行山深处，沿途各处沟谷都有泉水流入，汇集而成一条大河。特别珍贵的是，拒马河河水清澈见底。

十渡风景区山峦层叠，多奇峰怪石，主河道时宽时窄，支流向两侧蜿蜒延伸。河两岸的山岩以中元古代（距今大约18.5亿～10.5亿年前）硅质白云岩、燧石条带及团块状白云岩和含砂灰岩为主，大部分呈水平状层叠分布，富有节奏感。桂林山水景观，也是在同样的地质基础上形成的，只不过在南方受到更多的雨水侵蚀，因而有更多的溶洞景观。

奇特的石灰岩地质地貌，在十渡地区比比皆是。依各自特征，往往被赋予形象的名称。例如四渡雄奇的"千尺窗"，是两大高耸峭壁间直上直下的巨大裂隙；在五渡桥东北的一座三角形的山峰上，有无数凸起的石块，像大小不等的乌龟，

十渡石灰岩地质地貌　摄影/心弦

被称为"龟寿山";十渡附近,龙山较高处一块崖壁上有著名的"龙山佛字",当地人会很认真地说是个天然形成的"佛"字。实际是水沿岩石的节理裂隙面溶蚀风化后形成的痕迹。由于裂隙面的不均匀,在同一岩层面上颜色深浅不一。七渡的"九脸画山"意指山形能看出九张脸的样子,也很考验观者的眼力和联想力。十三渡的"天然石佛",是山石形成的站立人形,是不上水的钟乳石碎块被胶结。

七渡的"旭日东升"是个独特的地质景观:在桥北山体的峭壁上,层岩呈清楚的同心圆状隆起,还有许多放射状裂隙,隔河望去,真有点旭日初升的意思。这种岩石的半圆层褶曲现象,地质学上称背斜构造。十渡沿着河岸大部分山体都按水平方向沉积,非常平稳,偏偏在这里突然出现一个完整清晰的半圆背斜。

七渡的"旭日东升"　摄影/高武

向斜、背斜

在地壳运动的强大挤压作用下,岩层会发生塑性变形,产生一系列的波状弯曲,叫作褶皱。褶皱的基本单位是褶曲,褶曲有两种基本形态,一种是向斜,一种是背斜。背斜为地层上凸的褶曲构造,其核部由老地层组成。地层时代由核部向两翼由老到新排列。

观鸟、拍鸟 摄影/高武

十渡观水鸟

除了丰富的地质和山水景观，十渡的鸟兽草木世界也非常丰富精彩。拒马河流域生物多样性丰富，森林覆盖率为47.6%。和上方山相似，那些生长于石灰岩地质的特殊植物，如青檀、槭叶铁线莲等，皆值得在这一带留意。

大片的湿地是各种两栖爬行和哺乳类动物的家园。常见中国林蛙、黑斑蛙、中华大蟾蜍、丽斑麻蜥、虎斑游蛇、白条锦蛇等。刺猬、黄鼬、獾、草兔、蝙蝠、松鼠、狍和斑羚等哺乳动物也常可见。草木葱茏的环境，自然少不了虫飞蝶舞。十渡有昆虫11目54科128种，生物多样性丰富。

当地鱼类多数属江河平原类型，如鲤鱼、鲫鱼、草鱼、马口、泥鳅等。也有一些在北京其他河中难得见到的鱼类，如多鳞铲颌鱼，它冬季游到河洞中越冬，春季谷雨节气时从洞内游出到河中繁殖。过去村民每到出鱼时都在洞口捕捞，一个晚上可捕到成百上千斤，现在却几乎绝迹。希望十渡的渔具也就此歇息，让清流中的鱼儿获得一段繁衍的时间。

十渡地区的鸟类资源也是丰富而独特的。这里常年能见到200多种鸟类。尤其是冬季，严寒的气候使得北方多数湿地都

黑色珍禽——黑鹳

　　来到十渡的鸟友，多半都会把黑鹳作为目标鸟种。黑鹳是国家一级保护的大型涉禽，在全世界有三大繁殖种群，欧洲种群冬季到非洲越冬，中亚种群到印度等地越冬，东亚种群大体上是到长江流域越冬。北京地区繁殖的黑鹳属东亚种群，现存只有数百只，数量少，分布较广而分散。

　　华北地区的黑鹳对搭建鸟巢的地点要求很高。首先，要有较开阔山谷的崖壁。垂直崖壁要离地面或水面一两百米。其次，巢址选择在崖壁上的大岩洞，或有石檐遮蔽的较大的石台，可以容下用粗细树枝搭建的巨型鸟巢。再次，在巢附近最好还有更大一些的平台，供雏鸟活动、扇动翅膀锻炼。最后，黑鹳虽是水鸟，但它并不会游水，只能蹚水觅食。因此需要水深不超过40厘米的清澈河水，当然还必须有鱼等丰富的生物资源。它们的觅食策略也不够节省，在浅水中边走边寻觅鱼等食物，有时还快速奔跑追逐猎物，效率又较低，往往啄十多次才能捉到小鱼。而同为涉禽的苍鹭，则会站在水边一动不动盯着水流，当鱼游到眼前，才用长而尖的嘴快速直叉猎物，伸脖咽下。现在，黑鹳已经成为珍稀鸟类。

已冰封，水鸟大多南迁越冬了。而十渡地区却是个难得的冬季观鸟胜地。拒马河基本上是东西走向，河谷两侧拔地而起的垂直山崖形成独特的自然环境，有许多河段背风向阳，比较温暖，加上有清泉涌出，形成多处流水不结冰，使得拒马河在冬季也是许多鸟类适宜的栖地。

　　冬季的十渡是观鸟热门地区，大批鸟友从全国各地赶来，使原本因寒冬而冷清的旅游区热闹起来。除了美丽的黑鹳外，冬季在十渡还能观赏到很多其他鸟类。山壁间蜿蜒的河水如同一座清冷肃静的流动舞台。跟随流水的引领，就能看到这些大自然的演员们精彩曼妙的表演。

　　从三渡沿河往上游走，常常可见黑褐色像只小公鸡的褐河乌忙忙碌碌，时而沿水面低飞、时而仰首翘尾站在卵石上、时而钻入河水中在水下奔驰觅食，捕到小鱼或昆虫后站在石头上吞食。

　　体形纤巧、身披铅灰蓝色羽毛的红尾水鸲，飞翔时会展开栗红色尾羽，形态非常抢眼、可爱。

黑鹳　摄影/安金如

十八渡黑鹳巢区　摄影/高武

白顶溪鸲头顶为白色，尾基和大部分尾羽深栗红色，动作非常灵巧，总是一下子就飞到山崖树丛中。

六渡是观鸟的好地点。除了能见到黑鹳，在水里会有小䴙䴘游泳潜水抓鱼，岸边还会见到白腰草鹬、长嘴剑鸻、水鹨等小鸟在捉食。普通翠鸟有时钻到水中捉到小鱼，飞到岸边石头上或柳树枝上吞食。通常很难遇见的红翅旋壁雀，却经常见到攀爬在这里的岩壁上。这美丽的小鸟，嘴细长、体深灰、翅膀上有大块鲜红斑，北京只在十渡能见到。它是黑鹳之外，鸟友来十渡的另一热门目标鸟种。

在拒马河较开阔的河段经常能看到成群的绿头鸭、赤麻鸭和普通秋沙鸭等鸭子。由于拒马河流域有大面积、发育良好的森林植被，生活着众多野生动物，常吸引鵟、鹰、隼等猛禽。尤其难得的是有金雕、白尾海雕和秃鹫等大型猛禽。

红翅旋壁雀　摄影 / 高武

秃鹫　摄影 / 颜晓勤

白腰草鹬　摄影 / 宋晔

十渡之叹

十渡风景区有着北方少见的岩溶地貌，难得清澈的河水，丰富独特的动植物资源和优美的自然风光，对于北京这样的现代化大都市来说，是非常珍贵的。但是随着游人的增加，当地不断加大对十渡风景区的旅游开发力度，在整个景区兴建了各种培训基地、宾馆、农家乐，以及大量人工旅游设施：蹦极跳、悬崖跳伞、索道、攀岩、滑翔、漂流、脚踏船、皮划艇、竹筏、冲浪车、摩托艇、沙滩浴场、卡丁车、沙滩摩托……这些设施与十渡的自然风光极不协调，破坏了优美的自然景观。更有骑马、放炮等严重影响生态的活动。曾经的九渡，因拥有景区最开阔的水面而风景绝佳。现在，这里拥有整个十渡地区最多的宾馆、最多的娱乐项目。也有最密集的游客群……成为十渡地区的"旅游中心"。

其实现在人们并不缺少人工游乐项目，这些项目在城市公园、游乐场都可以尽兴，唯独缺乏的是自然风光、自然体验。各种饭馆、农家乐之类设施也应集中建在原来形成的自然村，把山和水都亮出来，展现十渡拒马河自然山水画廊的风貌。

2012年7月21日，北京地区发生五十年一见的暴雨和水灾，夺走宝贵生命，留下沉重的记忆。十渡地区也受到很大影响，而其实很多损失本来是可以避免的。那些建在河滩上的游乐设施、建筑和垦殖，阻挡了泄洪渠道。这一次，暴涨的河水以巨大的能量冲毁了一切违背自然的设施，恢复了河流的原貌。这是极其沉痛的教训。灾后重建的新规划提出，不管是现有的民俗接待户、景区，还是新建的旅游项目，都将进行地质灾害评估，河道、低洼地、泥石流易发地区禁止从事旅游开发和经营。

实用信息

可当日往返，景区公共交通主要集中在十五渡和十渡，部分公交车可以直达这两处。火车站位于十渡。

安全提示

十渡多处河段，山体往往垂直于河岸。当地开发的一些旅游项目，如乘竹筏、漂流，有的就在旁有峭壁的河段进行。从安全的角度，这些地段是不宜开展此类活动的。

以石灰岩为主的山体，受水侵蚀和风化作用影响，容易产生裂隙导致崖壁下部的岩石优先坠落，上部形成危岩，也随时有坠落的危险，要注意避开危岩下部区域，更不宜攀登。应由地质部门每年进行灾害评估，对危岩进行立牌标示，并划出危险区域，严重地段需要进行防护处理。

自然程度 ★★★☆☆	自然风貌保持较好的峡谷。
偏远程度 ★★★★☆	公交不便，适合自驾。
游客密度 ★★★☆☆	游客较分散。
管理程度 ★☆☆☆☆	公路路况良好，景区内有少量餐饮、住宿。

远古的回响：白河峡谷

17

　　北京北部山区河流众多，大多是白河的支流。白河从河北沽源县棠梨沟的九眼山泉流出，曾叫作沽河、沽水。在北京境内，从延庆县东北部的白河堡水库，经过怀柔，流向密云水库。

　　过去，白河水主要用于农田灌溉。北京严重缺水的局面形成后，它肩负起了向北京提供主要用水的使命。白河峡谷被列为北京市上游森林水源涵养区，退耕还林，植树造林。经过十几年，自然状态基本恢复。

静悄悄的大峡谷

　　白河峡谷人迹稀少。不独现在，历史上它本来就是一个人少的地方。地方县志里就找不到多少有关的记载，附近的八达岭、居庸关、古北口……一个个赫赫有名，数不清的故事，而

形形色色的人等却从不往白河峡谷那边去。白河的上游，有河北重镇赤城，号称卫护京都的"朔方屏障""三路咽喉"；下游明朝时经"引白壮潮"大工程，改道入潮河。唯独延庆、怀柔山谷中的这段白河，避开了人世的喧嚣，藏在僻静的山谷里，流淌了亿万年。明朝这里还只有一些烧炭人或采山人出没。清初圈地，开始有人设卡屯垦，形成一些稀疏的村落。

今天这里又是一片静悄悄。因为不宜再采矿种稻，许多村庄搬走了，年轻人到山外谋发展去了，把峡谷又留给了清明原始的自然。冬季前来，碰见的车辆和路人往往超不过五拨，夏季游客比起各大景点来也是相当的少，可以直面清新的山野，绝没有涌动的后脑勺遮挡视线和镜头。晴天的时候天蓝水清，一望何止二三里；下雨的时候水墨氤氲，纯净甘洌，让人身心内外，浣洗一新。

经怀柔沿111国道进入白河峡谷，过青龙峡路口不远就是车辆训练考试路段，俗称"教练路"，道路起伏不大而曲度极大。再往前，从前安岭东边的清石岭，乘皮筏顺流而下，是漂流的好地段。一路上险峰雄奇，漫滩开阔。值得一提的是可以经过气势磅礴的龙潭河大峡谷，百丈悬崖，接连180°的大拐弯，堪比雅鲁藏布江大峡谷，公路和观望台就像挂在

静静的白河　摄影 / 吕军

硅化木——年轮清晰可见　摄影/张冬青

硅化木

　　硅化木是木化石的一种。树木由于各种原因被埋入地下。经过漫长的地质年代，地下水中含有的化学物质如二氧化硅、硫化铁、碳酸钙等渐渐替换了树木中的木质成分，形成木化石。白河峡谷发现的木化石主要是二氧化硅替代木质而形成，所以称作硅化木。这个石化过程非常缓慢，不会破坏树木的外形。硅化木多数保持树的姿态——直立着，树木当年细致的纹理、年轮以及疤痕都清晰可见，但质地坚硬，摸起来冰凉。

石壁半空上。夏季下过雨后，水势丰沛，船头上激浪飞溅，体验绝不一般。

　　从前安岭进入双文铺小村，往上游走，是观鸟人的地段。山崖峭壁上，山雀、山岩鹨、鸦类，许多的小鸟在灌木丛间蹿来蹿去，观鸟的人，往往都心揣着一些目标鸟。来白河峡谷的人心中的梦想就是金雕，这天空的王者。金雕是白河峡谷老住户。高高的悬崖峭壁，花岗岩地带，是它典型的生境。再就是秃鹫，别信那些漫画家的丑化，当秃鹫长久盘旋在令人眩晕的高山之顶，那份自由和傲岸，绝帅，绝美！

　　逆流而上到汤河口镇，河道在这里拐了一个大弯，峡谷进入上游地段，309省道开始傍水而行。

　　前面提到的下游漂流地段，山峰的颜色多为浅淡的土黄色，而黑河下游的乌龙峡谷，水浪沾湿的山石一下子变作黑灰色，春夏鲜嫩嫩的小花就点缀在这深色的背景上，怪不得叫黑河。这里河道不再宽阔，河水切开地表成一条缝隙，弯弯曲曲地从幽僻之处流出来。落差依然很大，冲击着处处深潭，回声激荡。

地质公园

　　硅化木地质公园是上游河段的重头戏。广义上说，延庆县把乌龙峡谷、白河堡水库、小昆仑地质区、大滩生态区都纳入这个公园，但核心区指的是生成于1.4亿年前的晚侏罗纪硅化

排字岭书剑峰单斜　摄影/瞿悦剑

木分布区。这里盖起亭子，做了支护，精心保护着几十株珍贵的硅化木。

前面介绍过十渡，沿河岸展开的几十千米山体大部分都呈水平状层叠分布，节奏一致，气势磅礴。相比较之下，白河峡谷以丰富多样胜出，是剧烈地质运动的存照。褶皱、断层、节理各种地质现象都可见到。山体垂直、水平、斜向，各种分布交错，构成多样的地质景观。

干沟的海相沉积沙页岩，层层叠叠，极富韵律，上面还留有风吹浪打的纹理。在硅化木沉积层里能看到蠕虫类和原始海生的有壳类。排子岭书剑峰单斜，像一摞摞巨大的书本斜插在书立里的样子。西部的六道河小昆仑地貌，群山在夕阳下一片火红。红石湾穹隆地带，是地下的熔岩顶起本来相对平展铺开的岩层，就像地面长出的大包。火山喷发出来的黑色火山灰厚厚堆积，这就是乌龙峡、白河堡水库周围黑色岩石的由来。

14亿年前元古界海相沉积波痕

恐龙曾经走过

2001年白河峡谷申办成为国家地质公园。十年后，延庆县有志于申办世界地质公园，请来了地质专家做调查。2011年7月，在地层古生物学者张建平教授的团队采集岩石样本时，突然看见两串恐龙脚印清晰地展现在石壁上！之后陆续发现这一面石壁上足迹竟有几百个。它们大小不一，形态各异，最后确定至少有四种类型几十条恐龙的足迹。惊人的发现，使峡谷一下子名声大噪。

之前我国在冀北、辽西一带陆续发现食肉性恐龙脚印多达5000多个，但食草类恐龙的脚印还从没发现过，这些食肉恐龙的猎物哪去了？这一次终于出现了罕见的植食性恐龙脚印。在2号脚印遗迹里，在植食性恐龙行进的串串脚印当中，穿插着杂乱的食肉性兽

距今1.4亿年前的晚侏罗纪硅化木化石

摄影／翟悦剑

侏罗纪恐龙足迹　摄影／张冬青

脚类恐龙的脚印。专家推算，当时，身高只有1.5米的兽脚类恐龙，奔跑"秒速"竟达到7米，好一幅血腥残忍的狩猎图……1.5亿年前的燕山地带，至此食物链完整了。而这次出现的鸟脚类恐龙与其后白垩纪的热河龙、锦州龙，很可能会形成一个可承接的演化体系。

恐龙曾经走过！白河峡谷壮观的地质遗迹，一下子鲜活起来。岩层中成对成串的浅坑，让人在想象中看到中生代侏罗纪的主人——恐龙向白河峡谷走来。一小群一小群的植食性恐龙躲着凶猛的兽脚类恐龙，穿过松柏，踩着松软的水滨沙地，来水边喝水。然后又一小群一小群地离开。炎热的太阳炙烤着大地，把脚印晒得坚硬……突然有一天，火山再次喷发，山体再次滑动，脚印和树木一起被深深地埋没，直到脚印变成化石，树木变成硅岩，年轮和细胞的纹理都封存在石头里。

实用信息

硅化木地质公园内有详尽的地质解说牌。

峡谷地势狭长，乘公共交通游览不太方便，但公路贯通，路况较好且沿途风景极好，比较适合自驾出游。因地域广大，适合连续两日出游。选择部分路段游览也可以当日往返。

沿途景区和村镇有旅馆、农家院等设施，可提供食宿。但有些路段服务设施较少，仍需自带饮水和食物。

自然程度 ★★★☆☆　生态较为健康的人工次生林及自然水域。
偏远程度 ★★★☆☆　长途车可达，车程在两个小时之内。
游客密度 ★★★★☆　登山、观鸟热点区域。
管理程度 ★★☆☆☆　有基础设施，路线完备，周围有餐饮、住宿、水上游乐等项目。

18　鸳鸯选中的地方：从怀沙河到黄花城

怀沙河、怀九河位于北京怀柔县城西，属海河水系的潮白河流域。两河出怀柔水库后汇合为怀河，怀河入潮白河后汇入海河水系，最终入渤海。

北地水乡

怀沙河一线因历史上漕运的开通，难得地在京城附近形成了一段水村景象。潺潺小溪穿过不大的山村，引来鱼和鸟觅食，也留住众多水生植物。沿水域还可以看到渡口、码头、滩涂等痕迹，加上这里山色秀美，水势减弱后，形成众多平静的溪流、浅滩，大有江南水景的风味。农家门前面对山崖，小溪环绕，春夏两季郁郁葱葱、秋季深浅黄色纵横，冬季远观山中雪景……当地村民，就一直在这样的环境里生活。

"怀沙河、怀九河水生野生动物保护区"为北京两个市级水生野生动物保护区之一（另一个在拒马河流域）。2004年的全面科考工作中共记录23种鱼类、96种鸟类、7种哺乳类动物、

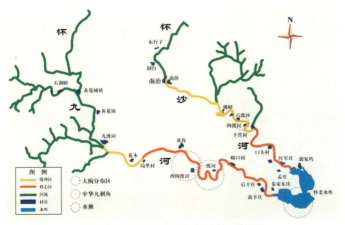

怀沙河、怀九河水生野生动物自然保护区图

怀柔历史风云

　　明代发生在怀柔的"庚戌之变"和与之相关的"引白壮潮"工程，其影响一直延续至今。嘉靖年间，蒙古土穆特部首领俺答汗因与明商通"贡市"未成，想以武力解决。于嘉靖二十九年（1550年）发大军南下，从古北口入关，经密云、怀柔打到京城的安定门，史称"庚戌之变"。此后，长城一线战事频仍，为了满足军事运输的需要，明朝开始疏通潮河、白河的水路运输，这就是"引白壮潮"工程。嘉靖三十五年（1556年）工程完成，白河提前10千米，北移至密云境内汇入潮河，并形成通州经怀柔至密云的漕运河道，方便了军需和官粮的运输。直至1938年平古铁路开通，这一段的水上运输才停止。四百多年的水上运输，在今天的怀沙河、怀九河流域留下许多船渡经济的历史痕迹。但同时，这一工程也给自然环境造成了负面影响，这在开漕运后不久就不断地显现出来。原本流经怀柔的白河因此工程而人为改道，此后直到20世纪70年代初建大水峪水库，四百多年间沙河来水虽然未断过，但水量明显减少。原本宽阔的白河两岸渐渐出现沙化现象，延续到21世纪初，白河出现断流的情况。现在河床多有滩地、沙地等荒凉景象，还形成了一个名为"西大荒"的地方。

一只雄鸳鸯安静地站在岸边，暖金色的夕阳洒在它的身上　　　摄影/吴秀山

226种藻类植物、201种维管类植物。保护区内独有物种中华九刺鱼、国家二级保护动物大鲵（俗称娃娃鱼）、鸳鸯等。

　　这里还是北京市重要的饮用水水源涵养保护地。水流量虽然不大，却能长年不断。各种沼生——湿地生植物在这里生长茂盛。从春到秋，水边活跃着黑白两色的冠鱼狗、翠蓝色的普通翠鸟、踩着高跷穿一双黄鞋的白鹭，还有戴白颈圈的绿头鸭、嘴端有个明显黄斑的斑嘴鸭、叫声带着水音的白头鸭……

　　这里，重点介绍大家既熟悉又陌生的美丽水鸟——鸳鸯。

鸳鸯在北京

　　鸳鸯的自然分布区主要在中国。在我们的文化中，鸳鸯意喻吉祥，它的身影，在从古至今的文学作品、艺术品和工艺品中屡见不鲜。
不过很长时间以来，在北京
难得见到鸳鸯，更别说在这
里组建家庭、繁殖后代了。
在1988年出版的蔡其侃所著
《北京鸟类志》中，鸳鸯被
记为罕见旅鸟；在2000年出
版的《中国鸟类野外手册》
中，北京也没有被列为鸳鸯
的繁殖地。

春天里的一对（雄鸳鸯的颈后饰羽
已经蓬松起来；进入繁殖期的雄鸟常会
有这种状态）。 摄影／吴秀山

2004年5月初，赵欣
如、蔡益等生物学者在进行
保护区的全面科考时在怀沙河流域的溪流中发现鸳鸯，并发现
其有繁殖迹象。这是有关鸳鸯在北京地区居留形态变化的重要
发现，引起了人们对这一物种的重新关注。北京观鸟会和自然
之友观鸟组联合实施了"北京野生鸳鸯保护"项目，对这一地
区的野生鸳鸯行为、数量、生境变化、繁育条件等进行了科学
观察。近八年的时间里，基本上每月做至少一次的样线调查。
调查表明，鸳鸯目前在北京已变为夏候鸟，北京部分地区如怀
沙河、怀九河一带，已经成为鸳鸯重要的繁殖地。

通常在人们心目中，鸳鸯总是成双成对，悠闲地在水中游
着。其实，这只是鸳鸯生命中的一个阶段，很多时候鸳鸯过着
集体生活，而且要忙的事情相当多。

作为夏候鸟，每年秋天9月到10月间，鸳鸯集结成群，每群
几十只到上百只，开始向南方越冬地迁飞。到11月，北京通常
就难得见到野生鸳鸯了。直到来年开春，它们才陆续返回。

春夏是鸳鸯的繁殖季节，大多数鸳鸯在天气转暖以后大
约3月底、4月初时求偶、组建小家庭，脱离集体生活开始成
双成对。

不同于一般水禽，鸳鸯不在岸上或草丛产卵繁殖，而是以
溪流附近的树洞作为巢址。在北京，栗树、柳树的洞都是鸳鸯
喜欢的目标。一般会于4~6月间做巢、产卵、孵化、育雏，每
窝产8~10枚卵。

能作巢址的树洞必须安全、隐蔽，大小、深浅合适；要靠近水边，方便亲鸟饮水、取食；树洞离开水面的距离要不高不矮。待到幼鸟孵化后，雌鸟会用叫声召唤幼鸟跳下树洞，到水面上活动。树洞的高度得让初生的小鸳鸯能不太困难地跳到水面。为了让下一代安全降生，鸳鸯小两口花费很多精力一个树洞一个树洞地仔细筛选适宜的巢址。它们会长久地立在枝头观望，会飞近目标树洞仔细勘察，过程中雌鸟和雄鸟不时互相张望、呼应，用它们的方式交流意见。春季出游到怀沙河、怀九河的人们，或许会偶遇两只鸳鸯协商选择巢址的动人场面。

产卵后，雌鸳鸯孵化大约四周，新生的小鸳鸯——如果一切顺利：躲避了所有天敌，自身足够健康强壮，妈妈尽到了责任——大约在40～45天之后具备飞行能力，脱离妈妈的呵护开

秋天时大群的鸳鸯会这样成群飞起，不久，它们就会踏上南迁的旅程了。　摄影/吕树伟

始新生活。它们通常到第二年长成成鸟，参与到求偶繁殖的年度大戏当中。

而繁殖期之后的成鸟，大约6月中进入换羽期。雄鸳鸯为人熟知的美丽羽毛脱落，雌雄难辨。换羽导致鸳鸯暂时失去飞行能力，这是它们最容易受到天敌危害的脆弱时期。9月初，换上新羽的鸳鸯们开始成群集结，即将听从时令的召唤，南迁开始越冬。

位于怀九河上游水长城公园的西水峪水库，水面宽阔，为鸳鸯提供了理想的秋季迁飞前的集群地点。在我们头顶的天空中，每年春、秋两季有不少于3000种，超过100亿只鸟在做着从南向北或从北向南的大迁徙。迁飞前的集群，既是同鸟种数量的积聚，也是个体迁飞能量的聚集，西水峪水库周边的生境为鸳鸯的这种准备提供着食物、较大的空间和大群起飞的较大水面。原本在周边繁殖地平静溪流里分散的鸳鸯小家族，在西水峪水库的水面慢慢汇聚成一个种群。这个种群在2009年10月11日的最高纪录是208只，这也是近八年的调查中，记录数量最多的一次。

人们喜欢行走、旅行，同样是动物行为中重要的迁移行为。鸟类迁徙是为了生命的繁衍。人的旅行、行走，似乎已经演化为一个纯粹满足心灵需要的行为，好像目的更高端，其实本质上仍是为了寻找生命繁衍的理由与动力。我们人类和鸟的迁移行为是一脉相承的。

鸳鸯繁殖期食物需求量大，会在春季村民播种时吃地里的玉米种子，有的农民为了保证玉米产量，就用农药泡种子，曾发生过毒死鸳鸯的事。如果遇到类似情况，请不要与当地村民发生冲突。可以告诉村民：鸳鸯是国家二级保护动物，受《中华人民共和国野生动物保护法》等相关法律法规的保护。近几年，为了切实保护野生动物，各地也相继出台一些鼓励政策。2009年4月颁布实施的北京市政府第211号令《北京市重点保护陆生野生动物造成损失补偿办法》明确规定，在野生动物繁殖栖息地发生的农作物损害及人身伤害等，市政府林业部门在实地考察的基础上对相关损害予以补偿，并明确规定了相关行政流程和具体补偿办法。

一起来保护鸳鸯

作为国家二级保护动物、全球性濒危物种，鸳鸯非常需要大家的关注与保护。物种保护不能仅仅涉及物种本身，还需要保护其繁殖地、居留地的整体生境。

1. 在城市公园里尽量不要给鸳鸯或其他鸟类投食。

2. 不要冲着鸳鸯扔石头或轰赶鸳鸯。

3. 见到鸳鸯巢洞请不要靠近，你留下的气味对鸳鸯来说可能是危险信号，很有可能会引来天敌。

4. 不要掏鸟蛋。

5. 发现有鸳鸯的时候，请记住有几只，在什么地方，什么时间，时间记到年、月、日，精确到几点几分。有什么你认为特别的行为也请记录。带有橙色脚环的鸳鸯是2011年7月北京动物园人工孵化的，如果能看到，请记录下来，那将是一条极有科学价值的信息。请联系：hxiaor@163.com

6. 发现伤病受困的鸳鸯可与北京市野生动物救护中心联系：010-89496118，也可登录网站www.bwrrc.gov.cn 查看相关救护知识。

长城入水　摄影／侯笑如

黄花城水长城

水长城　摄影／吕军

西水峪水库里的水长城是明代黄花城长城的一段，修建于明永乐至万历年间（1404—1592）。明成祖朱棣建都北京后，将陵寝设于昌平天寿山之南，黄花镇在天寿山以北，此处长城不仅守卫着京师的北大门，而且是护卫明皇陵"十三陵"的重要门户。黄花城长城堪称优质工程，以米汤固定石条，坚固之至，有"金汤长城"之誉。

长城环湖三面，60年代末70年代初，这里建起"西水峪水库"和"黄花城水库"，因修建大坝截流蓄水而成的人工湖灏明湖，四周环山，水域广阔。低谷部位的三段长城淹没在水中，看上去湖水将长城自然断开，形成了"水上长城"的独特景观。

古板栗园

穿过水长城公园的跨湖大桥，沿着右侧的栈道小路一直向西，便可到达明代板栗园。相传明代的守边将士在这段长城驻地垦殖，当时的板栗园面积有上百亩，现存的还有古树40余棵。这些古树盘根错节，形态各异，虽饱经风霜，还是生机盎然，仍然会在秋季结下累累果实。据说怀柔县的板栗树均由此园中之母树嫁接。秋季在怀沙河三四渡至五六渡之间可以看到"栗花沟"的秀丽景色。

6月可以见到开花的栗树

初秋板栗已经结果了

板栗园远景

摄影/侯笑如

自然植物——板栗

板栗在我国有悠久的栽种历史。《诗经》中出现过多次:《国风》之《唐风》《郑风》《鄘风》《秦风》以及《小雅》诸篇都提到"栗"。《国风》诸篇名采自地名,为我们透露了古代板栗分布的一些信息。《左传》《史记》等史料中"栗"继续作为重要的经济作物出现。可见其栽培历史之久,与人民生活关系之密。

北美也曾广泛分布美洲栗,但却因为无法抵御一种病菌而减产。而我国的板栗(也叫"中国栗")对这种致病真菌有抵抗力,所以板栗的栽种在我国能从古代延续至今。

板栗 摄影/朱松

板栗树秋色 摄影/侯笑如

当地村民多年来一直种植和经营栗树。栗树在为村民提供生活来源的同时,也成为鸳鸯春夏两季的主要取食和赖以筑巢的基础。前文介绍过鸳鸯的繁殖需要水边树洞。古栗树由于年代久远,常会出现较大树洞,成了鸳鸯寻找巢址的理想的目标。每年6月栗子树开花,开花之前是毛茸茸的花苞、嫩芽,正是鸳鸯春夏两季孵化、哺育小鸳鸯时爱吃的东西。人们现在能在黄花城、怀沙河流域一带看到大群的美丽鸳鸯,实在要感谢古板栗园。

这一带因植被资源丰富,水量四季充沛,环境良好。生活在这里的自然居民除了鸳鸯,还有很多动植物。春、夏、秋三季常可遇见。

冬季虽然库区水面封冻了,但往西去,碧水潭一带的溪流在薄薄冰层下仍时有活水流动。透明的冰层下,溪水畅快流过形成一些小瀑布,是冰与水的自然艺术。大群的鸳鸯都在冬季到来之前南迁了,但也会有一些没太长好,或者有点贪玩的鸳鸯没有跟着大部队迁走,它们会在这片没有彻底冰封的小溪里留下来过冬。冬天如果来这里玩,有可能会遇上几个懒得迁徙的"逃兵"呢!

实用信息

　　怀沙河、怀九河流域一带距北京城区60千米左右，自驾前往、公交出行都很便利。从东直门公交枢纽乘车到达怀柔城区后，可根据目的选择不同方案：

　　如想沿着河探访北方水村和鸳鸯，则可换前往三渡河村的公交，车程约2.5小时，然后步行穿过几个小山村。

　　如前往黄花城水长城公园，则有直达车，车程3小时左右。另有公交车可从东直门外到达山立庄，再换乘怀柔——水长城专线。

　　怀沙河、怀九河一带有两三家不错的餐厅，水长城出来有民俗饭店，食宿皆可。春秋天可选择住一晚，趁早上人少进水长城公园，鸟也能多看些。

夏天茂密的栗树上有时会见到一两只栖息的鸳鸯。　摄影／王玉琦

自 然 北 京
无 痕 游

离城区最远的山野、森林、草甸、湿地、峡谷绵延不绝。在这里，城市人都是过客，野生动植物才是这里的主人。这里也是城市扩张中大自然的保留地。

世之奇伟、瑰怪、非常之观，常在于险远，而人之所罕至焉。大山深处自然塑造的森林，亚高山草甸上璀璨奇特的夏花，高山深谷间倏忽来去的地形雨和彩虹，群峰之巅的开阔壮美……都是不畏险远的人们才能欣赏到的非常之观。

走进并不由人类主宰的荒野，时刻保持尊重与谦逊之心，才能满载而归并全身而退。你准备好了吗？

第四章

山野的怀抱

摄影／浦刚

山野安全法则

当你探访大自然的足迹渐渐从都市圈拓展到郊外，你会走进环抱北京城的一座座山。山野，无限生机，无限魅力，同时也意味着挑战和风险。

也许，提到户外登山，你马上会想到各种装备：服装、背包、手杖、对讲机、GPS（定位仪）、相机……很多人花费不少钱置办起来后，就兴致勃勃地选一个地方，打算出发了！

等等，还差好多呢！

首先说明，本书所谈论的登山，主要针对北京周边自然情况，是以户外休闲为主，有时带有一定探险因素和自我挑战性质的登山。不包括专业要求高的竞技型登山，更不涉及极限条件下的高山探险活动。即便如此，以探访大自然为主要目的的登山，也不同于个人茶余饭后当作消遣的爬山。登山，是有计划、有目标的团体行动。

带有探险因素的户外活动，虽然必不可少地需要激情，但又是要求高度理智的。远郊山野，自然条件复杂多样，有发生各种意外的可能。疏忽大意会给自己和团队带来许多麻烦乃至生命危险。所以，一定要为各种可能发生的意外做好准备。哪怕这些准备很多次都没用上，也千万不要因为暂时的幸运放松警惕。在危险降临时，准备不足而惊慌失措的人，恐怕就很难有重新再来的机会了。

户外活动爱好者发生意外乃至遇难的事件，近些年无论在北京周边还是其他地区，屡屡发生。在深深的惋惜之余，也在此提醒想要探访大自然的朋友，大自然充满变数，野外总有不可预知的危险和意外，绝不像买张游乐园门票进去玩那么简单。在本章的开始，郑重地提示您：旅行前要做好充分的计划与准备。

◎ 山野活动最重要的第一条法则：对大自然心存敬畏

首先，我们是去探访大自然，而不是要征服哪座山。不以数量或登顶与否论英雄。

看到"高压危险，请勿触摸"的警示语，一般没人去尝试；看到"此路不通"的标志，人们也会绕道而行。可是，在"禁止登山"的警示面前，有的人却浑然不觉危险，偏要攀登。

大自然的法则严酷无情。不敬畏自然，挑战自然法则，甚至会丧失宝贵的生命。时至今日，探险家对大自然仍存百分之百的敬畏。一个真正的登山者，是不会说自己征服了哪座山的。著名的徒步探险家彭戈侠这样说过："不是我们征服了自然，而是自然宽容了我们。"

◎ 山野活动法则第二条：选对人

山野出行，最重要的决策是：和谁一起去。

有没有遇到过跟你这样说的人："没什么危险的，我都去了好多次了。什么都不用准备你人来了就行。"——建议你最好远离他。大自然充满变数：曾经熟悉的路径会因为季节的变换而变得难以辨认，气温会因为突然的降雨或降雪变得寒冷或湿热，再熟悉的地方也可能出现预料之外的情况，每一次都需要有备而去。

你能做的最重要的准备就是：选择好领队。他/她的户外经验和技术充分吗？所做计划周到、缜密吗？遇到天气骤变、迷路或者有人受伤等意外时，能否迅速而冷静地做出处理决定，不抛弃、不放弃任何一个成员。好的领队，还能处理队员间矛盾，令团队具有凝聚力。一旦出行，这个队伍就应该像军队一样有秩序，服从领队的决定。有时候，一位熟悉路线的向导也是团队需要的。

其次，和你一起的队友是谁，能和他们融洽相处吗？登山不是一次孤独的旅行，身处野外，当你和身边的人发生了矛盾，不是扬手招一部出租车就可以一拍两散的。在野外，单独行动非常危险。非专业的野外探险，最佳组合是：有经验的领队+熟悉路程的向导+体力平均的队友。

请一直记得登山是个群体行动。如果你体力充沛，经验丰富，那就尽量逢山开路遇水搭桥，为其他人创造方便。如果你体力差，户外技能不强，就尽量调整节奏和步伐跟上大部队。一个好的团队组合，有点儿像一个出现场的刑侦小组，不用别人吩咐，每个人都在做自己该做的事情。

◎ 山野活动第三条法则：量力而行

在登山的过程中，遭遇恶劣天气、队友身体不适，甚至受伤，出现各种突发情况都在所难免。此时领队的决策至关重要。必要时终止行动是最明智的，哪怕目的地已经近在眼前。一般来说，一个登山团体，前进和下撤都是集体行为。这次放弃登顶，没关系，因为山永远在那里，而你队友的生命却只有一次。

如果你感觉体力不支，就不要勉强，及时告诉领队。请杜绝打游戏思维——获得满分后虚拟的游戏就结束了；但登山不同，要想着登顶后，还有没有体力原路返回。登山，可以是探险，但绝不能冒险，要求有计划有条理，避免情绪冲动下做决定。

◎ 山野活动第四条法则：事先计划

相信大家都听说过"鬼打墙"的说法，大概意思就是有人在山里或者黑夜里迷路了，走来走去总是回到原点。在野外登山，迷路是极其常见的问题，即便是去过几次的地方，也还可能迷路。携带GPS相当必要，找不到前行的方向时，根据仪器记录，可以沿着原路后撤。

　　在登山前，尽可能详细地了解路线中的地况、地貌是非常必要的，这尤其是领队的责任。是否会涉水，有没有小的岩壁，有什么地方需要做保护措施，哪里是最危险的地段，几点出发，在何处午餐，几点宿营，宿营地有无水源……方方面面都是需要详细计划和准备。如果领队本人对路线不熟悉，要跟熟悉路线的人深入沟通，最好请向导同行。

　　计划做好后，最好打印出来发给每一个队友，令所有成员了解本次行动的强度和长度，让大家量力而行。最好也请大家把计划交给自己的朋友或家人，让他人了解你们的计划和路线，一旦发生意外，便于搜寻营救。

　　孙子兵法有云："多算胜，少算不胜，何况无算乎？"

　　最后，才是装备。介绍各种装备的资料非常多，本文不再详细展开，仅重点提示几条。

◎ 保 暖

　　在野外，除了遇到野兽袭击、毒蛇咬伤等紧急状况，一般来说，不进食不会让人在短时间内死亡，而失温却是快速死亡的最大原因。因此在野外，保暖成为服装选择中第一重要的问题。即使是在夏季，山里的温度也会大大低于市区的温度，夜晚的降临更会带来明显的温度变化。所以，具备保暖透气防水等功能的专用服装，是很有必要的。不要以为都市附近的山就没有危险性，即便是夏天山林的夜晚，也可能因气温骤变、降雨等情况，导致户外活动者受冻遇险。

◎ 救急救命物品永不离身

　　必备的、应付紧急情况的物品永远不可离身。其中，火种是重中之重。专业登山服的内侧，一般都会有一个密封袋用来保存火种或照明设备。火柴请时常更换，小型的照明设备要及时换电池并准备备用电池。每次去登山之前，检查一遍，然后套上一层塑料袋，再装进这个密封处。

　　万一不小心脱离了大部队，保有火种就可以取暖，可以求救。多雨季节，植物都是湿的，一般来说很难点着。但松树含有油脂，在湿漉漉的情况下也能燃烧。秋冬两季，天干物燥，如要用火还要特别注意防火，必须把火堆旁边的草拔光，还要注意风向。为了发出求救信号而点燃了整座山的话，救援队一样找不到你。

　　另外，在你不能离身的物品中，至少还应该有几块巧克力、多用军刀等物品，以便在意外发生时保存体能和基本求生工具。

　　希望你从心态到装备都做好充分的准备，找对值得信任的领队和队友，全身心地投入到山野中。去探访一朵朵静静绽放的野花，邂逅林间云海飞翔的精灵，看满天的繁星，在荒凉的古长城边奏一曲关山月，任由大片的雪花在你睡袋外面融化……

　　依托你充分的准备，这些经历才能演变成美妙的人生体验。

自然程度 ★★★☆☆　　生态健康、完整的自然环境，人为影响较少。有机会见到一些少见的植物及动物。
偏远程度 ★★★☆☆　　包车或自驾为主。当天往返会比较紧张，适合住宿或露营的过夜行程。
游客密度 ★★★☆☆　　多为荒野区域，游客较分散。不宜单独前往，须团队集体行动。
管理程度 ★★☆☆☆　　需事先熟悉路线及行程攻略。景区周围有一些餐饮、农家院住宿。景区内也有住宿。
　　　　　　　　　　对体力有较高要求，需要一定的野外活动经验，必须事先做充分的计划和准备。

19 ｜ 湿润的峡谷 ·· 云蒙山

　　位于密云与怀柔接壤处的云蒙山，面积500多平方千米，成坐西向东之势。位于整个区域西侧的主峰向北、东、南蜿蜒出数千米的山脊，牢牢支撑起北京最大的水源地——密云水库。云蒙山在北京的群山中算不上高大，主峰海拔仅1413.7米，却以纯净、湿润的中海拔山地森林、峡谷生态景观而闻名。地壳运动让这里高山林立，群峰竞秀，素有"小黄山"之称，其实云蒙山本身足够美好，无需借助名山的声誉。

　　云蒙山的气温一般比山下平原区低6~7℃，空气湿度与通风条件优越。夏季气温常在20~24℃，最高温不过28℃左右，是消暑的绝佳去处。冬季也因水源丰沛而能形成冰瀑景观。

　　在云蒙山主峰四周，分布有七道沟、云蒙峡、天仙瀑、九道湾峡谷、天门山、黑龙潭等沟、谷、潭景观，及郎房峪、化石峪、郑家、河西地等村落。景观、村落间有步道互相串联，四通八达。这里曾经是驴友们户外活动的必选区域，近年来随着北京周边山区开发加速，热度有所下降，却也让云蒙山更显得幽静。

云蒙山　*摄影／杨斧*

软枣猕猴桃

刺五加

摄影／杨齐

绿色珍宝

　　湿润、凉爽的山谷中有一些更大牌的植物。

　　软枣猕猴桃是一种大型藤本植物，果实光滑无毛，味道酸甜可口。花朵开放时清香宜人，众多深紫色箭头状花药在淡黄绿色的花瓣衬托下，十分抢眼。

　　刺五加虽然茎皮上布满锐刺，让人难以接触，但根、茎之皮却富含药用成分。李时珍说："宁要一把五加，不要金玉满车。"其中"五加"泛指几种五加属植物，包括刺五加在内。

　　党参，因古代曾盛产人参的山西上党无参可采后，这种桔梗科植物作为替身出现在药材市场上，从此扬名。这种柔弱的草质藤本往往藏身于灌草丛中不易看出，但它散发出的一股特有的刺鼻怪味，让观察者很快就能发现它。

线路信息

　　进入云蒙山山区传统的起点是怀柔的七道沟或后山堡村，沿G111国道，过水道峪桥即是。这里属于云蒙山国家森林公园外围，有当地村民把守，收取每人10元的进山费。

　　密云县白道峪村也是传统进山点之一，沿密关路（S205省道）与河北路（X021县道）岔路口向西经黑山寺村即可到达。注意此处每年5月31日防火期结束之后才能进入。另外这里路线相对复杂，容易迷路，需要有熟悉路线的向导同行。从云蒙峡景区进入是一个不错的替代方案。

　　下面介绍几条主要穿越路线：

◎ 经典穿越路线：七道沟——云蒙山主峰——豪宅——天仙瀑——河西地村

　　这是云蒙山穿越的经典线路，曾是香八拉入门之后，更高一级登山的标准线路。长度约17千米，上升约1000米。可在豪宅露营。沿途大部分地区有水源，且全程为林间步道，走起来非常舒适。适合有一定户外基础的朋友。到主峰后，可沿云蒙山森林公园景区路出山。

◎ 东西穿越之一：七道沟——云蒙山主峰——三岔——万岁杨——莲花瀑——对家河村——云蒙峡景区

　　全程累计约20千米，上升约1400米。其中万岁杨、莲花瀑均可露营。具备中等户外能力者可以一天完成。莲花瀑以后需要长时间跳石头，容易崴脚或失足落水。路况复杂，易迷路，且沿途有蛇。到达万岁杨前，均可从云蒙山森林公园景区路出山。后半程无下撤路线。

◎ 东西穿越之二：七道沟——云蒙山主峰——豪宅——三神庙—榆木沟-黑龙潭

　　这条线路难度比前一条有所降低，全程约20千米，上升约1000米。路况也相对平坦，最后从黑龙潭景区出山。豪宅、榆木沟均有营地，可露营。到主峰后，可沿云蒙山森林公园景区路出山或从豪宅经天仙瀑到河西地村出山，也可以到榆木沟后，上到郎房峪水泥路（云蒙山森林公园密云入口），然后叫车来接或徒步出山（约7千米）。

◎ **南北穿越：白道峪——对家河——郎房峪——榆木沟——郑家——天门山**

南北穿越不经过云蒙山主峰，穿越东部主要峡谷。路况好，相对安全。全程约16千米，上升约1100米。可以当天穿越，也可在对家河村边露营。注意白道峪沟容易迷路。到对家河后，沿云蒙峡景区路出山或到达郎房峪水泥路可以叫车来接，或徒步出山。还可以到榆木沟后，沿黑龙潭景区出山。

国家森林公园

对大多数人来说，最为熟悉和便于成行的，还是国家森林公园景区。活动限于景区范围之内的话，对体力要求不那么高，正好放松心情，欣赏云蒙山生态景观的精华。

进入景区大门后，路分两条。一条较宽阔的大道沿宽谷逶迤延伸；另一条较窄的游步道，翻过一道小山梁后便在山谷中逆溪流而进。

云蒙山栎

1996年，我国的壳斗科植物专家，北京林业大学任宪威教授发表云蒙山特有的壳斗科新变种——云蒙山栎。任教授观察到这个变种的叶片似辽东栎，而壳斗则似蒙古栎，他认为这是在云蒙山特定环境中产生的辽东栎与蒙古栎的天然杂交种。辽东栎主要分布在北京西部属于太行山脉的山地，而蒙古栎则以北京北部的燕山山脉地区为主要产地。这两种北京山地分布最普遍的栎树在云蒙山相会、杂交，从一个侧面说明保护云蒙山森林生态系统的重要意义。

云蒙山的杂木林　摄影/杨斧

茂盛的藓类植物

云蒙山的古榆树——"娘娘榆"

摄影/杨斧

◎ 森林大道

初一看，大道不如游步道有趣，但走这条大道正是见识暖温带森林的好机会，沿途几十种乔木和灌木形成的茂盛森林，随着季节呈现丰富的变化。

林下，喜湿润、对大气污染敏感的苔藓植物在岩石和土壤上生长得异常滋润，正是云蒙山森林环境的写照。

◎ 趣味游步道

另一条路是游步道，引着人们行走在舞动的树影下，沿着溪流前行，在"娘娘榆"旁和森林大道汇合。榆树是我国北方著名的乡土树种，材质优良——但也正是由于材质优良，百年以上的榆树已不常见。这株高大粗壮的榆树，有二三百年的树龄，曾作为寺庙或村寨的"风水树"，受到过刻意保护，至今仍然生机勃勃。

过"娘娘榆"后，游步道继续沿溪流在峡谷中延伸。溪水旁是喜湿润、凉爽的核桃楸等乔木，山谷较宽阔处的丛林中，片片山楂树在春末夏初开出如雪白花，金秋十月在枝头挂满红果。

在路旁略受阳光眷顾的草地上，石竹科的种阜草，成片绽放朵朵洁白的小花，如繁星坠地。不经意的俯首之间，一簇淡蓝紫色的笔龙胆花会跃入眼帘。

在山谷水边走不多久，一条岔道可供急于登顶的人选择。这条路离开了峡谷阴湿的环境，在山坡上沿台阶迅速升高，植被也发生了变化，一些更耐干燥的植物将伴你登上山顶。

大约经过两个小时，身体健壮者游兴尚浓，就已经登上云蒙山绝顶。人们传说战国时代的谋略家鬼谷子曾在云蒙山中传授兵法给孙膑、庞涓，放眼望去，山峦间有没有点不凡气象？

山花交响曲

下山时，建议选择另外一条平缓迂回的道路，虽然耗时较多，但更加安全，还能欣赏到不同的景观。这条路穿林入谷，先经过一片在较平缓山脊上的落叶阔叶林。蒙古栎、蒙椴、糠椴、黄檗等与白桦、山杨竞相生长，在较良好的环境中，曾受过伤害的温带森林正在恢复过程中。

五六月间，林下有成片的铃兰开放，随轻风摇曳，散发出阵阵清香……这种百合科矮小草本，是欧亚大陆北部的广布物种，在北欧格外受人喜爱，是许多民间传说的主题。

离开林下草地，与森林乔木伴生的灌木逐渐多了起来。既喜湿润又要求有一定光照条件的迎红杜鹃，在森林边缘和空隙处异常活跃。一到5月，整片森林进入山花交响乐的华彩乐段。在大花溲疏、土庄绣线菊、三裂绣线菊等开白花灌木的协奏下，淡紫红色迎红杜鹃花奏响的主题曲正如火如荼。这是云蒙山的一大景观。

笔龙胆

如果错过了迎红杜鹃盛开的时节，另一种杜鹃属成员——照山白，会给人带来不一样的优雅感受：它们密集的乳白色小花点染了绿色变得更浓重的初夏山林，有如优雅温和的柔板乐章。小花溲疏、太平花和几种尚未开够的绣线菊也在与照山白斗艳。这时，白色成了云蒙山新一轮灌木花潮中的主角，就连原本紫红色或玫瑰红色的锦带花，也出现了开白花的植株，颇有些不可思议。华北楼斗菜、毛蕊老鹳草、花葱（rěn）等草花，用紫色和蓝色的花朵点缀其间。峡谷中，还有许多喜湿润环境的植物如紫斑风铃草、水金凤、一把伞南星等装点着路边、溪畔。

迎红杜鹃

山花交响曲到此告一段落。还有许多亮丽的高山山花如胭脂花、大花杓兰、金莲花等，在这里海拔1500米以下山地是无缘见到的，要登上百花山等更高的山地才能观赏。

实用信息

户外难度：初级——中级。景区较为安全便利，部分穿越路线有一定风险。

防火期：白道峪进山处防火期截止到每年5月31日。

照山白

摄影/杨斧

自然程度 ★★★★☆ 生态健康、完整的自然环境，人为影响较少。有机会见到一些少见的植物及动物。
偏远程度 ★★★☆☆ 包车或自驾为主。当天往返会比较紧张，适合住宿或露营的过夜行程。
游客密度 ★☆☆☆☆ 多为荒野区域，游客较分散。不宜单独前往，须团队集体行动。
管理程度 ★☆☆☆☆ 需事先熟悉路线及行程攻略。景区周围有一些餐饮、农家院住宿。景区内也有住宿。
对体力有较高要求，需要一定的野外活动经验，必须事先做充分的计划和准备。

物种资源库：喇叭沟门

20

喇叭沟门自然保护区位于北京怀柔区的最北端喇叭沟门满族自治乡，距北京市区约160千米，它是北京纬度最高的一处生态景区。平行纬度甚至比河北省的张家口市及相邻的赤城县还要靠北。这里70%的村民都姓彭，且均为满族。

一进入喇叭沟门乡，清澈的汤河水环绕着长满茂密松林的群山，纯净清爽的空气中弥漫着植物的芳香。只是，这会儿还不能高兴太早，要去喇叭沟门风景区的话，还要经过十几千米的山路到孙栅子村才行。

物种资源库

喇叭沟门辖区内的南猴顶海拔约1700多米，是怀柔区境内的最高峰。由于纬度和海拔均很高，其气候特点和生态环境都和周围有着显著的不同。

《北京植物志》更是诱发了生态爱好者对于喇叭沟门的兴趣，因为志书上很多植物的模式标本都采自怀柔喇叭沟门。

喇叭沟门 摄影/彭博

黄帅蛱蝶

绿尾大蚕蛾

北京市二级保护植物白首乌

金丝桃

摄影／彭博

　　喇叭沟门自然保护区被称为北京的物种资源库。这里植被极其丰茂，山峦起伏，海拔落差大、气候多变，景区内动植物资源十分丰富。有多种北京市保护植物，如大花杓兰、白首乌、刺五加、无梗五加、党参、羊乳、黄精、有斑百合、山丹百合等。尤为特别的是千亩白桦林景观，通常只在东北或是西伯利亚才可见到。这里还有兽类19种，鸟类40余种、爬行类11种、两栖类6种。喇叭沟门还有多种北京地区难得一见的昆虫，例如蛇蛉、螳蛉、绿带翠凤蝶、孔雀蛱蝶、黄帅蛱蝶以及红线蛱蝶等。

原始次生白桦林　摄影/彭博

景观线路

　　景区内有两条路，一条路是南边通往白桦林和南猴顶的路，而一条则是北边通往红螺五龙潭和百丈崖的路。两处景点分别收费。

◎ 向南一路

　　进入景区大门后，先要经过一段以低矮灌木为主的较为开阔的沟谷地。此处多是人工栽植的山楂、丁香、核桃等植物，路边更多的是小叶鼠李、雀儿舌头等低矮小灌丛。夏季在这段路程徒步的话，因为缺乏足够树荫的遮蔽会比较晒。大约半小时后道路就进入一片阔叶林，两侧的胡桃楸、山杨、鹅耳枥、蒙椴等枝繁叶茂，令行走者舒适了许多。此地的灌木层和地表物种也都较为丰富，使得此段路程上景观更为宜人。

　　海拔上升到1200米以上时，有一个停车场，从此向上汽车无法通行，只有一条山石修葺的林间小路，继续上走就是北京地区保存最为完好的一片原始次生白桦林。可以沿着山石小路向上攀登，也可以走白桦林下的密林小径。这里是典型的白桦林景观，虽然有时会混生一些黑桦、硕桦以及蒙古栎、山杨等树种，但是80%以上都是白桦树，林相整齐，树干挺直，显得十分壮观。

林下的灌木层也有些变化，以耐阴植物为主。

这条路上还会经过一片北京地区唯一的由大块石头组成的冰川遗迹。一段未经开发的小路通往南猴顶，这里的山脊上是一小片高山草甸，可见到美蔷薇、北黄花菜、百里香、拳蓼、柳兰、卷耳等高山植物。

◎ 向北一路

五龙潭和百丈崖景区以原始次生林为主，面积约7万亩。这边的气候相对干燥。车进景区后可以开大约4千米，环境变得较为湿润，这里便是五龙潭，雨季的时候会有溪水流过。

由此向上便可进入密林。此处有两条路，一条是左侧相对较为舒缓，但距离较长的林间小路，途经枫叶林、原始橡树林、野猪林等景点，可以迂回攀爬到百丈崖，另一条路则是右侧极为险峻的天梯。天梯虽然路途相对较近，但是垂直攀升较大，比较艰险，但均有修葺的铁梯供攀登，难度降低不少。此两条路均可到达百丈崖。站在百丈崖上，是眺望喇叭沟门景区的绝佳地点，视野开阔，一览无余。从百丈崖再往上走，便可到达主峰莲花顶。此处也是观喇叭沟门秋景的好地方。金秋10月，可以观赏到层林尽染、万紫千红的红叶美景。

喇叭沟门一直以来都是北京自然生态爱好者心中的一方圣土，吸引着一批又一批的生态旅游"朝圣者"，是北京地区最有魅力的森林之一。

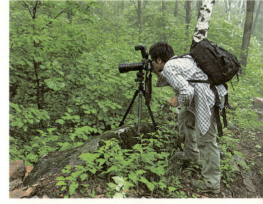

丰富的生物多样性，吸引自然爱好者　　摄影/彭博

实用信息

孙栅子村有民俗户、度假村接待游客，食宿方便。饮食风格是当地特色的满族农家菜和自家酿造的山葡萄酒。度假村的设施是标准间。如在农家院住宿的话，可以尝试睡在主人家烧好的土炕上。

野外观赏昆虫

　　昆虫，为我们的出游增添了很多乐趣。忘了捕虫网、毒瓶和标本针吧，在自然中体会与虫相伴的乐趣，观察它们，欣赏它们，聆听它们鸣叫，用相机去记录它们的美丽瞬间，并在最后悄然退去，尽可能不打扰它们在自然界原本的生活。

　　那么，在大自然中，应该怎样找到这些小精灵，又该怎样观察、欣赏它们呢？

◎ 首先，我们必须知道什么地方适合昆虫生活

　　公园——无需远足，这里的植被和环境让我们可以看到各种常见小昆虫，比如在花间忙碌的蜜蜂、食蚜蝇、蝴蝶，还有躲在草丛中的蚂蚱、蟋蟀等。

　　郊区——在郊区农田周围的草丛和树林里会有更多收获。更多的昆虫喜欢在这安家，大大拓展了我们的观察范围。

　　山区——山区绝对是应该重点考察的地方，这里的昆虫种类最丰富。山区茂密的植被、复杂的地形，及不同海拔的环境特点，造就了生物资源的多样性，往往一些漂亮而奇特的小家伙就住在这里。

　　河流和湿地——清澈的河流是各种蜻蜓和水生昆虫的家，在河边的湿地上还能见到其他前来饮水的小昆虫。

◎ 其次，要了解一天中昆虫活动的时间规律

　　观察昆虫的最佳时间主要集中在上午9:00～12:00之间，这是一天中昆虫最活跃的阶段。

　　到了中午烈日高照时，多数昆虫都会找地方休息，躲避炎热的阳光。不过，山区里的一些大型蝶类此时会很活跃，它们要寻找水源或含有矿物质的食物来补充养分。在高海拔地区，中午也是昆虫较为活跃的时期。

　　15:00～18:00，在避过烈日后，昆虫再次活跃起来，虽然数量没有上午那么密集。一些特别的昆虫种类，比如环蝶和眼蝶都喜欢在近黄昏时才出来活动。

　　夜晚看似是一片漆黑寂静的世界，却是飞蛾、锹甲、蜉蝣等夜行昆虫的天下，白天难得一见的家伙现在开始登场了。夜间观察最好的方法就是

利用昆虫的趋光性灯诱。准备一盏高瓦数的灯泡，然后挂起一块白布，再把灯泡挂在白布旁边。之后只需要在一旁静静等待就行了。

◎ 还要清楚季节对昆虫的影响

总的来说昆虫最活跃的季节是初夏至初秋。不同的季节可以观察到昆虫的各个成长阶段，春天可以看到大量幼虫，秋天则是观察它们交配和繁衍的最佳时间。

有些昆虫种类会在其他特定季节出现。比如早春时节可看到一些种类的蝴蝶：中华虎凤蝶、褐粉蝶、冰清绢蝶等，以及只有早春才有的川锯翅天蛾；又比如深秋才出现的一些大蚕蛾。这些昆虫一年中只在很短的时间出现，想要看到它们，必须掌握正确的时间和季节。

◎ 更进一步，掌握昆虫的生活习性

食性：有些昆虫吃植物的不同部分，有些吃其他动物，有些是食腐的。有些昆虫有单一的寄主植物，比如花椒凤蝶在北方吃芸香科的花椒，在南方则吃芸香科的柑橘；萝藦叶甲吃萝藦科的植物……

饮水：在炎热的夏日，很多昆虫都要聚集到河边湿地饮水，山路上一些潮湿的地面也会吸引一些昆虫。

为了在危机四伏的世界里生存下去，昆虫演化出了一套保护自己的绝招，其中最厉害的就是保护色和拟态。在生长季节，草地上的蚂蚱是绿色的，而当草叶枯黄后，蚂蚱的颜色也随之改变成与枯草一样的枯黄色。竹节虫则是著名的拟态大师，它们长得很像树枝，甚至还能模仿树枝在风中摆动的样子。要很细心地观察才能发现这类伪装高手。

◎ 野外观赏昆虫应该遵守的原则

尊重昆虫的自然生态习性，避免不必要的干扰，尽量避免驱赶或追逐昆虫。

观赏时应维持昆虫的自然状态，不使它们暴露在掠食者、捕猎者或恶劣环境下。

不捕捉或采集昆虫的活体做标本。

自然程度 ★★★★☆　生态健康、完整的自然环境，人为影响较少。有机会见到一些少见的植物及动物。

偏远程度 ★★★☆☆　包车或自驾为主。当天往返会比较紧张，适合住宿或露营的过夜行程。

游客密度 ★☆☆☆☆　多为荒野区域，游客较分散。不宜单独前往，须团队集体行动。

管理程度 ★☆☆☆☆　需事先熟悉路线及行程攻略。景区周围有一些餐饮、农家院住宿。景区内也有住宿。
　　　　　　　　　对体力有较高要求，需要一定的野外活动经验，必须事先做充分的计划和准备。

穿越花海：海陀山

21

　　北京市延庆西北部与河北省赤城县交界处的海陀山，山势高峻，拔地而起。西北麓为河北省大海陀国家级自然保护区，主峰被称为大海陀，海拔2241米；南麓为前文介绍过的北京市松山国家级自然保护区，主峰松山被称为小海陀，海拔2198米，是北京第二高峰。两峰相距不远，中间由鞍部相连。现在，让我们打起背包，把探索和观察的区域扩大到整个海陀山。

　　《水经注》形容海陀山："高峦截云，层凌断雾，双阜共秀，竞举群峰之上。"

　　在小海陀顶上和鞍部营地，都可以直接俯瞰延庆平原，遥望八达岭长城。特别是夜晚在海陀山扎营，可以清晰地看到延庆县城和乡村的灯火。

小海陀山脊　摄影/莫树文

野罂粟　摄影／杨斧

紫苞风毛菊　摄影／刘华杰

　　海陀山山体高大，地形复杂，区域内溪流交错，自然生态
环境复杂多样，包罗了从温带到寒温带的自然景象。其垂直分
布的植被是欧亚大陆从温带到寒温带主要植被类型的缩影。核
心区林相保存完好，物种繁多，植被覆盖率达到80%以上，物
种资源丰富，在干旱少雨的冀北山区实属难得。

　　海陀山已知维管植物911种及变种。其中蕨类14科，裸子
植物3科，被子植物93科，有多种受到国家保护的珍贵植物。

　　这一带也处于候鸟迁徙的通道上，鸟类多达145种和亚
种，占全国鸟类种类总数的10%以上。保护区内还有兽类30
种，其中金钱豹、斑羚、猞猁等都属珍稀野生动物。

◎ 夏季亚高山野花

　　海陀山的野花是一大胜景，户外圈中素有"六月海陀"之
说。每年6月到8月，高山野花次第开放。6月下旬开始，海拔
2000米以上的亚高山草甸上，殷红的胭脂花成片开放，蔚为壮
观。负有盛名的金莲花和银莲花在草甸和林缘开放，与金莲花
的色彩花形颇为相似的野罂粟杂然其间。野罂粟虽然与罂粟是
近亲，但并不含毒素鸦片碱，是表里如一的"花中丽人"。

梅花草　摄影／刘华杰

紫斑风铃草　摄影／杨斧

　　成片生长的柳兰，往往高过人头，让人行走其间仿佛置身于花廊之中。紫色的花蔟如精灵一般，只能在较高海拔的山上找到芳踪。乱石缝中长出优雅洁白的梅花草和细叉梅花草。在林缘草甸上，花形富丽奇特的大花杓兰形成大片生长的种群，夺人眼目。紫点杓兰在这里很容易见到。还有北京罕见的堪察加鸟巢兰，是北京地区原产兰科植物中唯一的腐生兰。

　　黄绿色的花锚常不引人注意，弯下腰细看才发现其精美：花形是奇妙的船锚状。紫苞风毛菊在草甸上到处都是，花色是少见的黑色，紫色的总苞片从外面护住它。白苞筋骨草的花朵，隐藏在层叠的叶缝间。耐旱的龙胆科的野花多为蓝色，点缀在草甸上。拳蓼、叉分蓼、地榆等野花不起眼，但分布很多。山腰生长着紫斑风铃草、有斑百合、一把伞南星等美丽野花，都颇为引人注目。

花锚　摄影／刘华杰

柳兰　摄影／杨斧

摄影 / 莫树文

◎ 秋

秋季国庆节前后，海陀山现出浓烈的秋色。五角枫、桦树、山杨和落叶松等树种和无数的灌木、野草的金黄、橙红，在起伏的山峦中交织成大片秋景。

◎ 冬

海陀山海拔高，雪季长，地形地势多变，是欣赏雪景的好地方，周边还分布有不少的滑雪场。但冬季雪地登山，只有能力强和装备充分的驴友团队才能胜任，而且还要留意保护区有关冬季防火的限制措施。

从这里出发

下面介绍一些登山线路：

◎ 大海陀村线——强度和难度最小的路线

大海陀村位于河北省赤城县境内，经延庆X012县道翻过阎家坪垭口即可抵达。大海陀村自身海拔高度已经达到1200米以上，登山路途也不太复杂，从这里登海陀山是强度和难度最小的选择。

从村北的大东沟进山，经历山谷平缓的上升，抵达主峰山脚。然后从小路穿林木上行，即可直接到达海陀鞍部亚高山草甸。这里也是海陀山的主要营地，可方便地抵达大海陀山或小海陀山。

从山脚还有一条右行的上山线路，穿过一大片落叶松人工林后，可抵达小海陀山脊。

◎ 阎家坪线——强度略高

阎家坪垭口是X012公路的最高点，也是省界，在赤城县阎家坪村附近。从这里上山，一直沿山脊行进，与小海陀山脊连通。这条线路的绝对高差小于大海陀村线，但由于一路山势起伏而漫长，强度要明显大于大海陀村线路。

这条线路有一条支线，即离开主山脊向北，可通向赤城县姜庄子村。

◎ 西大庄科线——自然考察线路，强度较大

前面专文介绍过的延庆县西大庄科村是重要的自然考察基地。从村东侧上山，可直接抵达小海陀山脊。这条线路包含溪流、山谷、陡峭上升的山体，环境富于变化，植被种类多，是一条很有魅力的线路，也是植物考察最常采用的线路。

由于西大庄科村海拔约900米，从这里登山的绝对高差约为1300米，加上地形变化大，部分路段陡峭，其强度和难度大于前两条线路。

◎ 啤酒溪线——容易疲劳的大强度线路

从延庆上阪泉村后的一条山谷进山，上到垭口左行，就踏

安全提示

海陀山地形复杂，贸然进山的话存在安全隐患。近年来海陀山发生过数次救援事件，基本上都发生在小海陀山下松山景区或啤酒溪的路途上，皆是中途走错路口导致迷路。需要事先做足功课，最好跟随熟悉地形路线的领队或向导一起前往。

冬天的高山条件恶劣，没有相当的经验和充足的准备一般不要涉足。

从张山营通往河北大海陀村的公路往往在峭壁上蜿蜒上行，虽然路面状况非常好，但由于地势原因危险系数较高。

上一条漫长的平缓上升的道路。这条线路高差很大，道路又平缓，线路特别漫长，一路以杂木林中行进为主，缺少变化，是一条容易让人疲劳的线路，强度较大。

进山的山谷在地图上没有名字，因为其间有一条很小的溪水，被驴友们命名为"啤酒溪"，逐渐成了约定俗成的名字。啤酒溪进山口的海拔高度只有600米左右，登顶高差高达1600米。

除了这些主要登山线路外，从延庆县境内的松山自然风景区和玉渡山自然风景区也都可以通向海陀主峰，但因景区管理、道路难行或遥远曲折而较少有人行走。

主要登山线路示意图（图源：Google Maps）

实用信息

前往海陀山登山、考察的目的地一般是抵达鞍部、小海陀、小海陀山脊或是穿越这些地点。大海陀山由于保护区设置铁丝网路障，一般难以抵达。

从松山路口公交站到松山景区约5千米，到西大庄科约9千米，到阎家坪垭口省界处约20千米，到大海陀村约30千米。

自然程度 ★★★★☆ 生态健康、完整的自然环境，人为影响较少。有机会见到一些少见的植物及动物。
偏远程度 ★★★☆☆ 包车或自驾为主。当天往返会比较紧张，适合住宿或露营的过夜行程。
游客密度 ★☆☆☆☆ 多为荒野区域，游客较分散。不宜单独前往，需团队集体行动。
管理程度 ★☆☆☆☆ 需事先熟悉路线及行程攻略。景区周围有一些餐饮、住宿服务。景区内没有服务设施。对体力有较高要求，需要一定的野外活动经验，必须事先做充分的计划和准备。

经典户外胜地：黄草梁

22

黄草梁位于门头沟区斋堂镇西北，主峰海拔1732米，与灵山、百花山、妙峰山等遥相守望，是京西一带经典的户外徒步和自然、人文考察胜地，也是重要的户外线路节点。这里曾经是京西古道的交通要冲，长城上的军事要塞，金灭辽、明抗蒙的激战就在这里发生。明朝在此筑城墙、敌台，重兵扼守，成为北京内长城最西的一段。后来古道随着交通发展而废弃，加上此地山势高峻，逐渐人迹罕至，保持了良好的自然风貌。

黄草梁系

近年来，黄草梁逐渐成为重要的户外活动目的地，是众多户外线路的交通要冲，地位日益凸显。

最为狭义的黄草梁是指主峰以及主峰脚下东侧海拔1600多米的十里坪亚高山草甸。十里坪东西延绵数千米，一年中只有几个月返绿还青，大部分时间都是深黄色，从很远的山上都能看到，因此得名黄草梁。

而作为长城要塞的黄草梁，至少还要包括实心楼长城和七座楼长城一带。以此为中心的"黄草梁系"，主干线路还要包含周边的北灵山（韭山）、柏峪登山步道、刘家峪登山线路、龙门口峡谷、椴木沟登山线路等。此外，通过椴木沟，这一带可与东龙门涧相通；通过椴木沟或韭山，从这一带还可便捷地到达东灵山。

黄草梁秋色（图为从黄草梁路口看十里坪）　摄影／莫树文

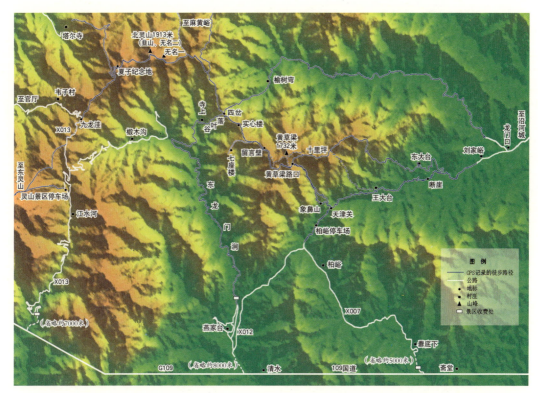

主要登山线路示意图　制图／莫树文

因此，主峰周边一大片地区都可称为"黄草梁系"，其与灵山构成"灵山—黄草梁系"，代表了京西户外的精粹。北京国际山地徒步大会多次采用此线路为专业组比赛线路。

黄草梁线路必经之地为主峰脚下、十里坪西侧的山路交叉口，可称为"黄草梁路口"。因主峰不是必经线路，又没有突出的特色，因此鲜有队伍登顶，一般认为到"黄草梁路口"就是抵达或经过了黄草梁。

主要进山线路有以下几条：

◎ 柏峪进山

登上黄草梁最简单的方式，是从柏峪村后经登山步道而上。近年来这里被爨（cuàn）底下——柏峪旅游风景区视为景区的一部分，偶尔有管理人员出现。登临黄草梁强度最小的方式就是从柏峪沿步道登山，并返回柏峪。这条线路垂直爬升约800米，下半部分步道经过人工修葺，类似于景区道路，相

爨底下村

爨底下村位于北京西郊门头沟区斋堂镇，川底下村，实名爨底下。因在明代"爨里安口"（当地人称爨头）下方得名。位于京西斋堂西北峡谷中部，属宛平县八区，现属斋堂镇所辖。距京90千米，海拔650米，村域面积5.3平方千米，清水河流域，温带季风气候，年平均气温10.1℃，自然植被良好，适合养羊，养蜜蜂。爨底下是国家A级景区。

野营地的选择

黄草梁一带，最常见的扎营地在实心楼附近。这里有较大的崖上平台，被一段长城拱卫，是扎营的好地方。此外，黄草梁一带、四岔北侧人工平台、北灵山西侧山脚下等，均有扎营处。

山上没有水源，必须带足饮水。两日活动需带水5～7升。从刘家峪山谷途经王大台村脚下有泉水，龙门口峡谷榆树弯村有水井，但离山上营地都甚远。

龙门口大峡谷　摄影／莫树文

对安全。因山地徒步大会赛事的举办，沿路设有路标。山脚下为4号路标，黄草梁路口为17号路标。

黄草梁户外穿越的最经典线路，是经柏峪登上黄草梁，经过实心楼、韭山，到达灵山路九龙洼。这条线路贯穿了这一带人文和自然资源的精华，强度适中，全程累计爬升约1400米，徒步距离约15千米，有中等户外能力者一日可完成。这条线路也可以反穿，以下降为主，强度小一些。

◎ 九龙洼、椴木沟进山

另外一个重要的进山起点在灵山路（X013）北灵山附近，当地人称九龙洼（因公路蜿蜒而得名，并无村庄）。这里被包含在灵山景区之内。从灵山路的一条支线公路，可以到达椴木沟进山。徒步穿越龙门涧景区也能到达椴木沟。从椴木沟登上实心楼或黄草梁，爬升较小，是一条低强度的线路。同时，因为这里四面环山，能避大风严寒，还可以方便地到达龙门涧景区或灵山景区，椴木沟也常常被当作一条重要的备用下撤线路。

◎ 沿河城方向进山

从沿河城方向，有两个主要进山点：刘家峪村、龙门口峡谷。

经刘家峪登上黄草梁有两条主要线路。一条是经山谷进入，路途要经过一处危险的断崖，需要多人协作递送背包才能上去。另一条是山谷右侧上山，经东大台，可直接抵达十里坪。这两条线路抵达黄草梁路口需累计爬升均1000米左右。

龙门口峡谷曾经是京西古道的一个重要分支。这条峡谷峭壁高峻、狭窄幽深，地貌十分壮观，道路起伏不大，但蜿蜒绵长，走起来颇令人疲劳。这里多次作为影视作品古代战争场面的外景地。近年来峡谷公路不时向里延伸，徒步线路已越来越短。

此外，河北麻黄峪、塔儿寺等，都可进山，但相对地处偏远，不多叙。

风景四季

黄草梁四季风景俱佳。其中十里坪亚高山草甸和北灵山周围，更是植物考察的最佳地点。

黄草梁的春天来得比市内要晚一些。4月的时候春色初露，柏峪步道、椴木沟周边中低海拔地带的山桃花成簇开放；5月的椴木沟、七座楼一带开始有成片的绿色，毛樱桃粉色惹人，迎红杜鹃点缀其间，开始显露出欣欣向荣的景象。

北灵山夏季　摄影／王建爱

夏季是黄草梁、北灵山一带风景最美的时段。十里坪繁花似锦，集中在6月底到8月中开放。北灵山附近的大片草甸远望如绿色的地毯，野花点缀其间，金莲花盛开，成片野生韭菜散发出特有的芳香。

黄草梁一带的秋色相当闻名。十里坪从9月中旬开始色彩就斑斓起来，逐步变成金黄色的大草甸，与周边绿色、黄色、红色的树丛杂然分布，形成一派壮阔的秋景。北灵山一带的秋天来得要稍早一些，除了黄绿色的大草坪，成片的白桦林也显露出更浓烈的秋的韵味。在国庆节前后寒风来袭，会导致白桦林全部落叶，因此看秋景要抓好时机。

北灵山秋季　摄影／莫树文

冬季山色枯黄，十里坪等草甸的漫漫黄草依然有着独特的魅力，而雪景会使它更具吸引力。特别是北灵山一带海拔较高，遇到雪大的年份积雪整个冬天不化，加上奇崛的地貌，成为雪地穿越和观赏雪景的极佳地点。但是冬季登山环境严酷，危险系数高。

北灵山雪景　摄影／莫树文

行走在十里坪草甸　摄影 / 莫树文

留言壁　摄影 / 李海宾

象鼻山　摄影 / 莫树文

景观及重要地标

◎ 象鼻山

沿柏峪步道，过天津关不久，有一处岔路。上行和下行的两条支线，不久还会会合一处。如果走下行支线，很快道路就从"象鼻"下穿过。

◎ 十里坪

从黄草梁路口右行，就通向十里坪，这是山梁上面积很大的一块平地，长约3000米，宽约1000米。十里坪亚高山草甸和北灵山周边是黄草梁最好的植物考察点。行走坪上，草深过腰，有的地方甚至高过头顶。周边峰峦叠嶂尽在脚下，视野开阔。一马平川的草甸在不同季节，或绿意盎然，或野花遍地，或黄草漫漫。

◎ 留言壁

山路绕行到黄草梁主峰背后，路边有一处刀削斧凿般的石壁，布满各户外队伍的留言、留名。一般来说，户外驴友对在山上涂涂画画持反对态度，但此处因是早期形成的独特传统，大家对此相对宽容。这也成为路途中一个清晰的地标。

◎ 七座楼长城

在去往实心楼的中途，离开古道向左侧沿山脊行进约半小时，可抵达七座楼长城遗址。七座楼长城是明万历年间戚继光主持修建的，属沿河城大营管辖。这一段长城共有六座敌台，敌台上有建时所嵌编号铭牌："沿字"6-11号；另有一座石砌烽火台，故俗称"七座楼"。七座楼长城两端都临着悬崖，无法穿越，考察之后还需原路返回。

实心楼长城1号、2号敌台　　摄影/吕军

七座楼长城　摄影/莫树文

注意

根据2006年国务院颁布的《长城保护条例》规定，禁止有组织地在未辟为参观游览区的长城段落举行活动。因此考察长城应以个别观察为主，不可大规模前往，不可随意攀爬甚至破坏。

夏子纪念地　摄影/莫树文

◎ **实心楼**

实心楼也是此处长城的一段，与七座楼很近却无法相连，因在悬崖平台上有两座实心敌楼而被如此冠名。平台中央最突出的一座敌楼"沿字"2号台地势相对开阔，是黄草梁穿越线路上的一处重要地标和休息、扎营地。

◎ **落叶谷**

过实心楼后经过一小段下降，在路段最低处的垭口，形成十字路口，称作四岔。这里直行通向北灵山，右转去往龙门口峡谷，左转就是落叶谷。落叶谷是通往山下寺上村的一条山谷，高差只有300多米。山谷两边山势陡峭，林木繁茂，落叶纷纷滑落到谷底，连年积存，厚厚地堆积起来，最深处可将人埋在其中。

◎ **北灵山**

北灵山是在户外活动中通用的名字，通常地图上的名称为韭山——山坡上野生韭菜倒是相当繁多，也有的地图文献作"九山"。它是这条经典线路上的最高峰，海拔1913米，在东灵山的东北侧。东灵山、西灵山（位于河北，海拔2420米）与北灵山，合称"三灵"。三灵连穿，是经典的超高强度户外线路。

◎ **夏子纪念地**

从北灵山向九龙洼方向，这条线路的最后一处草甸上，有一个玛尼堆，经过的驴友常常在此添加山石，已经堆积一人多高了。这是为纪念2007年3月11日凌晨因失温长眠在此的驴友——23岁的年轻女孩夏子。

妥善处理垃圾

行前准备容易忽视的一点：想好旅行垃圾如何处理。准备食物时，尽量购买简易包装的，带一些可以打包带回垃圾的袋子。

户外活动中，要妥善地处理垃圾。打包进，打包出。离开前仔细检查你宿营或者休息地点的周围，找到任何遗留的垃圾或食物。把所有的垃圾打包带走，包括厨余。

恰当地处理排泄物，避免污染水源，避免影响到其他旅行者，减少疾病的传播，提高排泄物降解的速度。在大多数地区，正确地填埋是满足以上需求的最佳选择（详见79页无痕猫洞法）。

把厕纸和卫生巾打包带走。

洗漱或清洗餐具时，把水从溪流或湖泊取出，抬到大概200米外再进行。使用最小量的清洗剂或肥皂。洗碗水要均匀泼洒到四周。

脆弱的环境

黄草梁一带虽有较为丰富的植物资源，但因这一地带岩石透水性强，顶部较干旱，生态环境比较脆弱。随着登山者的增多，凡人迹所至之处，植被均受到不同程度的破坏。应尽量避免进入原生环境，只在道路和营地附近活动。

因为北京国际山地大会等比赛的举办，黄草梁主要线路上被安装了高大的路标，对自然环境产生了较大的影响。大赛之后，沿途遗留下很多垃圾，实心楼营地更是垃圾遍地，自然之友、绿野等团体都曾专门组织队伍清理。

实用信息

团队租车前往是最理想的交通方式。团队从一处进山，司机在出山处接应。需要司机熟悉道路，核心队员对道路概念清晰，能很好沟通，并在情况变化时及时联系应对。

驾车前往需要从进山处出山，因此要选择往返线路或环形线路，强度也不能很大。

公交前往一般不可能当日完成登山或穿越，可在柏峪或灵山景区周边农家院住宿。

无言的实心楼 摄影/莫树文

黄草梁上捡垃圾的驴友 摄影/莫树文

附：户外驿站——沿河城

槭叶铁线莲　摄影/高武

四通八达

前往黄草梁的驴友常常经过沿河城稍事休整。

坐落在京西永定河畔的沿河古城为明代内长城遗址，现仍有人居住，古城内外住户形成的村落称沿河城村，现隶属于北京市门头沟区斋堂镇。距离北京市区约80千米。这里可通往多个京西户外点或旅游景点。

从这里沿S211往西北行12千米就到了幽州村，是北京与河北的交界处。继续前行至官厅水库转向八达岭高速可以回京。也可于沿河城村东南走709乡道经碣石村返回G109国道。

往东4千米为向阳口村，这里是珍珠湖的上游地段。

向西南1千米左右为沿河口村，继续南行有砂石路通往龙门口村，这里有龙门大峡谷、一线天等景点。砂石路继续延伸到黄草梁。

沿S211往南15千米就是国道G109，沿国道109往西可通往百花山等地，往东则可返京。

绝壁奇花

若在春季，往幽州村方向去不足1千米处，不妨留意一下道路左侧垂直的崖壁。这里的山岩也属石灰质，每到4月，干燥裸露的崖壁上缀满独根草粉红色娇艳的花，不远处槭叶铁线莲扎根在干得泛白的石壁上，开出鸡蛋般大小的一簇簇白花。被称作"太行绝壁奇花"——远观就好，手下留情！

山村古城

这个地理位置四通八达的村落，在群山环绕中却异常宁静，几户人家和一座古城坐落在河的南侧，沿住家间的小路向古城走去，两侧房屋基石缝间，银粉背蕨往年的枯叶蜷着露出粉白背面。

古城西门，拱门洞正上隐约可见"永胜门"字样。城内的房屋已几经重建，略有现代的气息，城中央的古戏台子还保留着，戏台正对一棵大槐树，有一个成年人合围粗细，必定是见证过古城的变迁。几乎家家户户的房顶瓦片上都长着像大松塔一样的小草，异常旺盛，这是景天科植物瓦松。城另一头的东

古城门　摄影／杨斧

萤火虫

萤火虫一生要经历卵、幼虫、蛹和成虫四个阶段，通常一年生出一代或两年三代，在各个阶段均能发出荧光。荧光具警戒作用，对于成虫而言闪烁的荧光也是一种求偶信号，雌雄萤火虫通过闪光脉冲来完成求偶交流活动。一般雄性萤火虫腹部具有两节白色带状的发光器，雌性萤火虫则具有一节。萤火虫的发光频率、光的颜色等都是分类识别的重要特征。

萤火虫的幼虫　摄影／彭博

门已明显败落，只剩不到一人高的墙基。这座只有不到两个足球场大小的古城，被山水环绕着，古朴而别致。

山村古城的夜远离繁华的灯光，夏季来到这里，正好享受一下山野间萤火虫陪伴的夜晚。直到9月下旬，还能见到它们发出美丽的荧光，寻找着另一半。

实用信息

除了作为黄草梁等地的中间站，沿河城也可作为独立的户外活动目的地。

自行车：从北京出发当天往返时间会有些紧张，沿河城村和向阳口村均可以住宿。多些时间游览北京少有的峡谷风光。

绿皮火车＋徒步：特别推荐乘坐北京目前已经很少运行的绿皮火车之旅。一路慢悠悠穿行在太行山脉中，每过一次隧道，视野都在变换，或山峦或青天或碧水。

食宿：沿河城村可以方便地寻农家投宿，干净朴实，食物美味，价格公道。点餐时老乡可能会推荐当天现抓的河鲜来款待客人。当地人虽仍保持捕鱼习惯，但一直延续传统方式，适时适地，下网适量，有可持续观念。河水清可见底，但深浅不一，游客不要贸然下水。

自然程度	★★★★☆	生态健康、完整的自然环境，人为影响较少。有机会见到一些少见的植物及动物。典型的亚高山草甸植被。
偏远程度	★★★☆☆	包车或自驾为主。当天往返会比较紧张，适合住宿或露营的过夜行程。
游客密度	★☆☆☆☆	多为荒野区域，游客较分散。不宜单独前往，须团队集体行动。
管理程度	★☆☆☆☆	需事先熟悉路线及行程攻略。景区周围有一些餐饮、住宿服务。景区内没有服务设施。对体力有较高要求，需要一定的野外活动经验，必须事先做充分的计划和准备。

23

五彩纷呈的亚高山草甸：百花山——白草畔

门头沟境内的百花山国家级自然保护区是继松山之后北京市第二个国家级自然保护区，以保护暖温带北缘天然植被和野生动植物资源为主。保护区包括百花山、白草畔、张家铺、草子峪、龙王台岭、双涧子、黄安坨、爱峪、小龙门、灵山、椴木沟、马栏林场等。

攀登百花山主峰的线路一共有四条，两条在房山区，两条在门头沟区。相对而言，门头沟区的两条登山线路较为僻静，也更有自然之趣。

一条尚未开发，由黄安坨村（海拔1100米）旁的野路穿过杂乱灌丛，钻进遮天蔽日的森林，一直攀爬至主峰顶方才豁然开朗，群山尽收眼底。此线路有不少岔路，没有丰富户外经验的人不要冒险尝试。另外黄安坨线离美丽的百花山草甸较远，到达峰顶后，还要沿着山脊再走七八千米。

另一条是经过合理开发的登山步道，强度较低。由原百花山林场，今百花山景区管理处出发，沿铺设的石板路拾阶而上，在栎树林、桦木林、落叶松林穿行，慢慢地走完3千米路，石阶路的尽头就是百花山著名的大片草甸，为华北地区华丽的亚高山草甸之一。

高山上的珠宝箱

据研究百花山草甸的文献记载，草甸群落内有92种植物。百花盛开时节，这片山野如同大山的调色板。季节间不停息的变迁都由不同的繁花芳草来演绎着，永远璀璨夺目，如同翻落在山坡上的珠宝熠熠生辉。一百多年来，众多博物学家和植物学家对百花山地区的植物进行了考察研究，发现和发表了多种

百花山草甸　摄影 / 莫树文

花楸树　摄影 / 杨斧

以"百花山"命名的植物：百花山花楸（1901）、百花山苔草（1915）、百花山鹅观草（1963）、百花山柴胡（1979）、百花山葡萄（1993）。

　　当山达到一个特定的海拔高度的时候，因受温度、太阳辐射、大风等影响，环境不再适合树木生长，森林会让位给草甸和灌木，这个高度被称为树线（treeline）。华北地区的草甸一般出现在阴坡海拔1900米以上、阳坡海拔2000米以上。再往上走，高大的乔木就无法生存了，而一些矮小灌木如金露梅、银露梅，还有龙胆属、报春花属、罂粟属、梅花草属、风毛菊属等喜冷草本植物则如鱼得水，在高寒处大放异彩。

百花山草甸的海拔不过1750米，或许是受晚更新世低温影响，寒温性针叶林在下迁过程中未能迁回应有的位置；也可能受人为砍伐、放牧等影响，使得草甸得以兴盛。总之，在这片并非"高山"的地带，却出现了五彩纷呈的亚高山草甸，成就了百花山的盛名。

春末夏初，几窝火红的胭脂花、几丛淡黄的野罂粟、一片亮白的银莲花、再来一层橘黄的金莲花，用绿叶描底，就是一幅华丽耀眼的季节彩绘。

秋天的百花山绚烂得不输夏季。花楸和北京忍冬的果红得诱人，落叶松的松针在阳光照射下黄得透亮，白桦的树干越发的白，油松的长针冷得更绿了，山路旁蓝紫的各种沙参仍盛开着。因为秋冬叶落草枯，这时草甸上的环颈雉开始按性别集群，觅食时群体警觉性更高，这样持续到繁殖季节。

登上山来的石阶连接着草甸上的木栈道。栈道依山势伸进了草甸深处。继续前行，左手边通向主峰，右手边通向白草畔。

美丽的草甸有时候让人产生上去撒欢打个滚的冲动，但是请不要这样！这些美丽的植物异常珍贵，就趴在木栈道上细细观察它们吧。

一株小小的植物跟我们有什么关系，对我们的生活有什么影响呢？百花山属海河水系，是永定河流域清水河的一个源头，也就是说百花山万千植物涵养的水资源，源源不断地流进了永定河，而永定河的水很大一部分被引进了北京城，流进了自来水厂，流进了护城河，流进了每一个北京人的身体。

山鸟鸣唱

一阵云雾从南面翻过来，灌进了这片草甸，左手边的主峰和右边的白草畔（海拔2050米），使这里成了一个垭口，自然成了一个水汽通道。若是上山早就能在雾里看花了，并能享受干燥的北方少有的湿润空气，湿润而且干净。环颈雉"吱哦、

银莲花　摄影/杨斧

植物如何命名

植物名，有俗名和学名两种。俗名是没有严格的科学界定的植物名称，可因地域、语言等不同而异，因此同物异名、同名异物的现象不可避免。学名是严格按照国际命名法规确定的以拉丁文表示的科学名称，每一种植物只能有一个世界通用的学名，一个学名只能代表一种植物。植物正式命名后，就像一个公民上了户口，才有一定的"合法性"。植物的命名，除以发现地域名外，更多时候会用它的形态特征、生境等命名，有时也会以植物的发现人或是对植物分类做出突出贡献的植物学家、博物学家的名字来命名。如百花山花楸(地域)，征缢麻(吴征缢院士)，大叶橝(形态)等。但都遵循林奈的二名法，即用属名和种加词两个拉丁词构成学名，后面附命名人的姓名。以百花山葡萄为例，Vitis(属名) + baihuashanensis（种加词-地名）+ Kang & D.Z. Lu（命名人：康木生、路端正），模式标本采自东灵山和百花山。

吱哦……"地叫着，要待雾气散了，悄悄地观察它们。这些雉鸡一年四季都在这草甸觅食、活动，有些冒失的游人，上到草甸一阵惊呼，鸡妈妈吓得应声而起，"吱哦……"一阵有力的鼓翅声，随之一群小雉鸡跌撞着飞起——小雉鸡如果太小还不能飞就让人担心。

百花山上，还有很多叫声好听的鸟——鸣禽。鸣禽在求偶繁殖季节叫声更加婉转动听。夏季百花山，不只要看草甸的花海迷人，还要来听鸣禽的美妙歌唱。

能沿树干垂直向上向下攀爬、像啄木鸟一样一边攀爬一边啄凿树干食虫的黑头䴓，艳丽的长尾山椒鸟，总在地面跳跃找食的灰背鸫等活动范围比较大的鸣禽都或多或少可在百花山遇到。还有一些鸣唱动听的鸟儿，是只分布在中高海拔地区的，如歌鸲、勺鸡等。这是专门给不辞辛苦登上高处的人们的回报。此外，擅长飞行的毛脚燕——它们在空中飞着捕食昆虫，我国特有的珍稀鸟类褐马鸡也都能在百花山观赏到。

大花杓兰 摄影／莫树文

杓兰的秘密

大花杓兰长着囊状唇瓣，像冬天穿的大拖鞋。这些拖鞋设计得很精巧，误以为花朵里有蜜的昆虫一旦掉进拖鞋，就只能沿着设定好的昆虫通道爬出来，正好把通道上方的花粉驮走。那些昆虫也傻得可爱，很快就会忘记被欺骗过，没多久就再被骗进另一只拖鞋，这样一来就完成了传粉工作。虽然每一个成熟的大花杓兰果里有成千上万的种子，但种子需要特殊的共生真菌提供营养才能顺利萌发。所以，尽管费尽心机诱骗昆虫传粉，真正能萌发的少之又少，整个百花山也只有几百棵。因濒危程度高，目前大花杓兰已被列为北京市一级保护植物。木栈道的修建本已占去了它们很大部分的生存空间，若再去草甸上踩出些新路，让草甸更加破碎化，便有赶尽杀绝的意味了。

环颈雉 摄影／宋晔

白草畔

草甸的右手方向，沿着山脊缓坡，上行栈道间或铺设，只要走上2.5千米左右的路就可抵达北京的第三高峰——白草畔。这段路很是宁静，桦木林和落叶松林把路遮得严严实实，

房山白草畔　摄影/莫树文

偶有光线投在路面。白草畔也有较大面积的草甸，因为公路的铺设、电视塔的建造以及其他一些设施，让草甸较为破碎，加之山势较陡，少了野性的风光。但是这里海拔更高，视野也更为开阔，运气好的话能见到云海。白草畔有简易的食宿场地，若住下来，晚上有满目的繁星。夜间温度低，要做好防寒措施。

　　很多游人下山时不爱走石阶，一是因为好不容易出来一趟是要走一走泥路接地气的；另外一个原因是怕走石阶伤膝盖。这里姑且不讨论运动损伤的道理，山上的石阶还是比较安全的。百花山上有一种毒蛇——哈里斯蝮，它也不爱石阶路，挑一个林子里温暖向阳处，往枯枝落叶上一盘，舒舒服服地吸收太阳的热量。与它在林中相遇可就麻烦了。何况，在野外有步道设施的地段，不离开步道行走也是一种原则，不仅仅为了人的安全，也为了减少对植被的伤害。

实用信息

　　交通：从地铁苹果园站有前往斋堂的公交车（有许多支线，上车时需问清楚目的地），从斋堂换乘去张家铺的车，抵达张家铺后还需要租车至景区门口。相较而言，直接从苹果园租车开至百花山景区更为便捷。

野猪出没 不宜扎营

　　草甸里常见有秃秃的浅土坑，这是山里另一个居民——野猪留下的。它们贪恋草甸植物肥美的根茎，趁夜深人静时常来大吃一阵。所以草甸附近夜里是不宜扎营的，露营者帐篷内美食的香味会吸引野猪，这最重可达200公斤的庞然大物冲过来，帐篷可是抵不住的。如果好奇想近距离观察它们，可去百花山景区管理处附近试试运气。管理处餐厅厨余物的固定堆放点，常有野猪来这里找食。

自然程度 ★★★★☆ 生态健康、完整的自然环境，人为影响较少。有机会见到一些少见的植物及动物。亚高山草甸珍贵而脆弱，应注意保护。

偏远程度 ★★★☆☆ 包车或自驾为主。当天往返会比较紧张，适合住宿或露营的过夜行程。

游客密度 ★☆☆☆☆ 多为荒野区域，游客较分散。不宜单独前往，须团队集体行动。但夏秋季节的假日，核心区游人较多。

管理程度 ★★☆☆☆ 需事先熟悉路线及行程攻略。景区周围有一些餐饮、住宿服务。景区内没有任何服务设施。对体力有较高要求，需要一定的野外活动经验，必须事先做充分的计划和准备。

北京之巅 · 灵山

24

北京最高峰灵山海拔2303米，在地理上被称为东灵山，位于门头沟西端。东坡面朝北京市，是灵山自然风景区的核心区；西坡属于河北涿鹿县。

灵山作为北京市的制高点，与近处的高峰韭山、黄草梁、百花山等咫尺相望，与西侧的河北西灵山（海拔2420米）仅一壑之隔。晴好天气，从灵山上可以清楚地看到周边的海陀山、小五台山等高峰。

主要登山线路

从东坡登山的线路，都在灵山景区之内，通常需要驾车经109国道和灵山路（X013）抵达。如果从河北官厅一侧经灵山路进入，则没有正式的景区山门。经黄草梁或龙门涧景区可徒步进入灵山景区。西坡登山均为河北境内，没有景区管理。

灵山西坡 摄影／莫树文

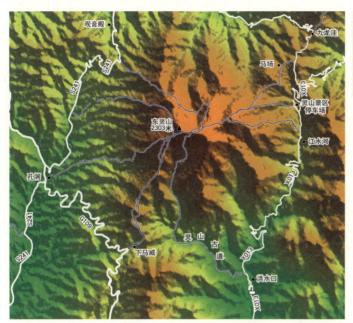

图例
—— GPS记录的徒步路径
　公路
● 地标
▪ 村庄
▲ 山峰
▢ 景区收费处

主要登山线路示意图　制图／莫树文

下面前三条主要线路为东坡景区内线路，后两条为西坡线路。

◎ 景区主线，最容易的线路

从景区停车场登山，可直接抵达灵山主峰，爬升高度约800米，是最容易的登山线路。但由于海拔高，爬升会明显感觉体能消耗更大，比低海拔登山的难度要大。景区道路没有过多蜿蜒，几乎是直线登山，除接近顶峰外的大部分道路都修有台阶。这条线路建有索道，从停车场附近开始，全长1548米，高差430米。

◎ 洪水口线（灵山古道）

从洪水口村西聚灵峡上山，当地人称大地沟。传说达摩祖师曾游历过，又有达摩古道之称。古道属灵山景区的一部分，前半段已经修缮为景区步道，离开溪流后沿山路登顶。峡谷中有泉眼八处，溪水长流，瀑布错落，植被更为丰富。从这里登顶的高差为1400米。

计划和准备

旅行计划七点基本内容：

● 确认并记录下此次旅行的目标和对它的期待。

● 确认所有参与者（以及您自己）的出行能力，包括身体素质，野外生存基本技能等。

● 根据以上两点制订旅行目的地。

● 从地图、当地管理者、相关旅游网站和文学作品中了解旅行地点的情况。

● 选择舒适，安全，环境友好型的装备。

● 选择适合此行程的活动。

● 旅行结束后想一想此行的收获，对下次旅行提供改进建议。

几点易被忽略的准备：

● 查询当地气候。

● 确认旅行地安全区域的范围。

● 确认旅行地有无特殊安全法规和国家级保护动植物法规。

● 想好旅行垃圾如何处理。

● 制订徒步走的速度。

◎ 江水河线

沿景区主线下行过程中，在缆车上站下方，有岩石上书"北京之巅"处右转，可以走上一处巨大的草甸，是一处人迹罕至又风景秀丽的地方。这条路可下降到江水河村里。

◎ 下马威线，危险系数高

从西坡登山最重要的线路，是下马威线。沿109国道过最高的垭口（北京——河北界）后，下行约5000米，海拔1330米左右，即可抵达一处有残存矿坑的山坳。从这里上山，先要爬上一段高差近200米的陡坡，被户外爱好者形象地称为"下马威"，于是渐渐成了这里约定俗成的地名。这条线路因为起点海拔较高，爬升仅有1000米左右，但道路陡峭，曲折复杂。不迷路的关键是要沿山脊小路走，不要轻易下沟。

走近下马威 摄影 / 莫树文

安全提示

下马威线虽爬升不高，但地形复杂。特别是由于西坡地形的原因，导致冬季风雪很大，曾多次发生过户外爱好者遇险事故。必须做好充分准备，注意安全，避开危险天气。

◎ 孔涧线

孔涧村位于河北省涿鹿县，位于东灵山和西灵山之间谷地的最低处，起点海拔只有1050米，因而登顶的强度更大。这条路前一段在较宽阔的峡谷中行进，后沿小路上山，道路曲折难行而岔路众多，虽然很多道路都可殊途同归，但也常常会误入灌丛密林而迷路。

自然风光

东灵山山势高峻，地形复杂，海拔差异大，植物种类繁多，是北京的植物宝库。植被垂直带分布明显，特别是分布于海拔1800米以上的亚高山灌丛草甸，是华北地区山地植被中的重要类型。山体南侧的小龙门林场，是北京多所高校生物系的野外实习基地。

由于灵山海拔高，山势高峻，因而植被垂直带分布明显。自下而上分为三个植物带：海拔约900米以下的灌丛带、海拔900~1800米的落叶阔叶林带、海拔1800~2303米的亚高山灌丛草甸。

　　灵山周边海拔在1000米左右，如小龙门林场，植被主要是一些阔叶树林。再高一些的地方有人工栽植的华北落叶松、油松等。常见乔木、灌木多种。草本主要是披针叶苔草、黄精属以及菊科等。海拔1500米向上，有大量的桦杨混交林，优势林木是桦木科的白桦、硕桦、棘皮桦、黑桦等，间有杨柳科植物山杨。伴生树种有中国黄花柳、百花山花楸等。在阴坡生长更为繁茂，形成浓密的次生林，每到秋季9月底到10月初转成黄色、橙色和红色，形成醉人的秋景，但往往很短暂，一夜寒风就可能吹落红叶，立即一派萧条。

　　这一层带的灌木主要是绣线菊属、胡枝子属灌丛，还有红丁香、迎红杜鹃、六道木等优势灌丛。特别是这里的红丁香，花序格外硕大艳丽。景区主路南侧，前文提及的"江水河线"途经的大片中山草甸，以禾本科植物为主，如宽叶苔草、早熟禾、针叶苔草、野青茅等，这一带还有大量的野生沙棘灌丛。

亚高山草甸　摄影／莫树文

秦艽（jiāo） 摄影 / 杨斧

金莲花 摄影 / 黄海琼

小丛红景天 摄影 / 杨斧

　　海拔1800米以上，就进入了亚高山草甸层带。这里植物以草本为主，种类繁多，密度很大，季相变化显著，形成所谓"五花草塘"景色，是人们登山旅游的好去处，也是灵山景区最有魅力的地段。

　　进入6月后，草甸上野花一批批竞相开放，直到8月下旬，整个山坡被五色斑斓的山花所覆盖，其壮美景色令人震撼和心醉。最突出的是成片开放的胭脂花，其特有的浓郁红色，令人印象深刻。马先蒿属的野花这里能很容易找到很多种，如穗花马先蒿、返顾马先蒿、红纹马先蒿等。华北蓝盆花、翠雀等也是夏秋季的优势野花，较稀少的北京虎耳草，在这里的岩石缝隙中也能一睹其风采。

　　很多游客在草甸上都想寻找著名的金莲花，但由于其花朵硕大而灿烂，常常见一朵就被游人采一朵，在核心景区已经很难找到了。要寻觅难得一见的野花，需要绕行北侧阴坡的疏林中行进。在林间和林缘，还分布有较多的金莲花、银莲花。这里还能找到鹿蹄草、舞鹤草、铃兰、七瓣莲等少见的植物。特别难得的是，灵山一带能找到很多的稀有兰科植物，如大花杓兰、二叶舌唇兰、华北对叶兰、凹舌兰、角盘兰、蜻蜓兰、珊瑚兰等，很多分布在林间、林缘和潮湿地带。林间还能找到一种有意思的丝梗扭柄花，花朵从叶腋中长出，纤细的花梗扭曲绕过主茎。林缘也常常能看到藤本的长瓣铁线莲，其纤细的茎上能开出这样硕大的紫色花朵，让人不敢相信。

在草甸上还广泛分布有一种龙胆科植物，叫秦艽，又称大叶龙胆，比北京其他龙胆科植物个体都要大，蓝色花朵簇生或轮生。北侧林缘以上的草甸上能看到一个个被刨出的坑，是当地村民挖秦艽留下的，对秦艽生存造成了相当影响，也破坏了草地植被。

山顶附近有一种美丽的天蓝色长花冠小花，叫长筒滨紫草。这种紫草科植物在中国的分布范围十分狭窄，灵山是它在北京唯一的生存地点，显得弥足珍贵。山顶附近岩石缝中，还生长有很多的小丛红景天，以及一些狭叶红景天。只是近年来不断地采挖，威胁着其生存。金露梅与银露梅灌丛，也是高山的标志性植物，开着金黄或白色的花朵。

山顶一带，最显著的景象是浑身长着长刺的鬼箭锦鸡儿灌丛多了起来。它的长刺是宿存的叶轴木质化后形成的，密密麻

在可承载的地面行走

只在现存的步道上行走，而且尽量走在步道的中间，走成一直线。这有助于缓和对步道的踩踏和侵蚀。

没有路径的时候，尽量走最耐踩的地方，例如岩石、砾石，或是雪面上。

走热门路线时，要选择土壤已经变得坚硬、寸草不生的营地上扎营，将营地活动集中在已经受到人为影响的区域。

如果你很幸运到了一个很少有人类活动的区域，则要将营地扎在一个从未使用的地点，而不要扎在已经受到哪怕是轻微影响的地方。

胭脂花　摄影/莫树文

长筒滨紫草　摄影/莫树文

草甸退化　摄影／李海宾

鬼箭锦鸡儿　摄影／莫树文

草甸退化

　　在旅游开发以前，这一带的草甸就存在一定程度的过度放牧。近年来随着旅游的发展，游客越来越多，旅游车可以开到1700米左右的草甸下缘。游客会践踏草甸，一些人见到好东西就伸手的习惯，又使大量有观赏性的珍稀野花如大花杓兰、金莲花等越来越少，伴人植物如车前、蒲公英、山马蔺等大量出现。当地还有人引入牦牛在景区放牧，有人在景区经营骑马等旅游项目，马匹的大量践踏和啃食对亚高山草甸破坏严重。动物不吃多刺、有毒的植物，加上游客采摘野花的行为，形成对植物种类的筛选，留下来的当然就是有毒、有密刺的各种难惹的植物。所以这类植物的繁盛，被视为草甸退化的标志。

　　现在东灵山山顶附近鬼箭锦鸡儿、狼毒、华北乌头等植物数量已经大大增加，植被的密度和植物多样性大大降低，甚至形成了密集的"狼毒坡"。目前，草甸的群落结构趋于简单，整个亚高山草甸的观赏价值已经大为降低。特别是高海拔的景区核心道路周边，黄土裸露，有大量雨水冲出的流水沟，其环境很难再恢复。

缆车、石砌台阶、骑马踩踏、游人穿越……北京一侧的灵山草甸还能支持多久　摄影／胡卉哲

麻地防护着身体，让牛、马、羊等食草动物无法下口，人见了也要"退避三舍"，因此被起了个绰号"鬼见愁"。别看它凶相毕露，却能开出大大的白花。还有很多瑞香科植物狼毒一簇簇地布满山坡。它的头状花序由外向内依次开放，花未开时花蕾呈现艳丽的红色，开出的花朵正面又是鲜亮的白色，非常美丽；但有剧毒。同样有剧毒的还有华北乌头，在山顶附近也越来越多。这些有毒、多刺的植物成群成

片地出现，是草甸退化的显著标志之一。

东灵山一带的林木历史上曾经被砍伐过，条件较好的地带重新形成了天然次生林，或人工林。但在海拔1800米以上，以及人类活动较多的地段或干旱地段，已经较难成林，从而形成了次生草甸。次生草甸的生态环境非常脆弱，极易受到破坏。

灵山之痛

东灵山一带海拔高，山势险峻，气候复杂，在此穿越和考察要特别注意安全问题。

在海拔2000多米的山上，气温比北京市区低10～20℃，极端天气下甚至更为寒冷。即便是盛夏季节，山顶一带租用军用大衣依然是一项很红火的生意，可想而知其气温状况。灵山顶上有时甚至会有夏季飞雪的情况。特别是面向河北的西坡，巨大的坡面迎向冬季季风方向，在复杂气象条件下，可形成巨大的地形风，瞬时风力可以将人吹起。因此，任何季节登灵山都要注意保暖，有备用的防寒衣物。除景区外，不要单独登山或在极端天气下登山。

冬季的灵山曾发生过多起登山者遇险、受伤的情况，而且悲剧还在继续着。2012年12月22日，天气预报为北京市30年来最冷的一天，装备不足的一行近40人，从下马威登山点攀登东灵山。当夜下雪，地形风极其剧烈。副领队和一位户外新手，在未带保暖与救援装备的情况下冲顶，不幸遇难。据估计当夜山上风力可达七级，瞬时风力可能更大，实际气温可低至-35℃以下。

实用信息

交通：最常见的登山方式是包车前往河北境内的下马威上山点，队伍登顶穿越，车到灵山景区停车场接回。

户外难度：灵山良好天气条件下，穿越难度中级。恶劣天气无法估量。2012年发生死亡事故后，下马威有人值守冬季不让上山。

自然程度 ★★★★☆	生态健康、完整的自然环境，人为影响较少。有机会见到一些少见的植物及动物。很多野生兰科植物分布在这个区域。
偏远程度 ★★★☆☆	包车或自驾为主。当天往返会比较紧张，适合住宿或露营的过夜行程。
游客密度 ★☆☆☆☆	多为荒野区域，游客较分散。不宜单独前往，须团队集体行动。
管理程度 ★☆☆☆☆	需事先熟悉路线及行程攻略。景区内交通、食宿等服务设施集中在莲花池。对体力有较高要求，需要一定的野外活动经验，必须事先做充分的计划和准备。

燕山绝顶··雾灵山

25

现在，让我们前往北京东北部，探访素有"京畿绿色明珠"之称的历史名山——燕山主峰雾灵山。

说到燕山，京津唐一带的人应该耳熟能详。这座东起山海关，西止于八达岭，横亘在河北省东北部和北京市北部的山脉，将华北大平原终结在其南麓，对华北东北部的气候和自然地理产生了重大的影响。发生在中生代侏罗纪到白垩纪的强烈地壳运动造就了燕山山脉，也在华夏大地的地质史上留下了"燕山运动"的著名篇章。依燕山山脉的陡峭山脊兴建的长城，由此一路向西逶迤万里……

燕山虽然颇有名气，但总体来看，并不高峻，多数山峰海拔仅为500～1000米，低于河北西部的太行山。然而身为燕山主峰的雾灵山，却以其绝顶海拔2118米的身高，凸显于华北东北部的群山之中，成为冀东第一高山，因此很早就受到世人青睐。

雾灵山景观 摄影/彭博

雾灵山森林　摄影/杨斧

从伏凌到雾灵

　　雾灵山原名伏凌山。北魏郦道元《水经注》中记载："伏凌山甚高峻，严障寒深，阴崖积雪，凝冰夏结，故世人因以名山也。"后来因其高大的山体常被云雾所缭绕，人们依"伏凌"之谐音，讹称其为"雾灵山"。从现代生态学的角度看，"伏凌"和"雾灵"两个名称，都反映出有利于温带森林植被生长发育的良好生态环境。

　　雾灵山地处暖温带大陆季风区，夏季由南部向北运动的暖湿气流和冬季北方南下的冷空气，受到雾灵山高大山体的阻挡，造成了较丰沛的降水，年均降水量达720毫米。

　　夏季气候尤其变化多端，是最适宜体会雾灵山"灵气"的季节。在高耸的山峰和深邃的峡谷间，地形雨常常突然降临；雨后云海翻滚，彩虹甚至佛光也总是不期而至。7月平均气温只有17.6℃，从山脚到山顶，随着海拔升高，气温逐渐下降。在接近绝顶的山坳阴面，盛夏时节，冰雪尚存；而在山顶处，夏季的早晚，犹如初冬，寒气逼人。

　　降水的丰沛和云雾的笼罩，使山体上部空气相对湿度在50%以上，七八月份甚至大于75%。这样的气候条件正适合性喜凉爽、湿润环境的温带森林植物生长；而随着海拔降低，暖温带森林植被逐渐取而代之。

不孕边花

　　"不孕边花"指有些植物
（如东陵八仙花、鸡树条荚蒾）
花序中位于边缘位置，形状较
大，但无繁殖功能的花朵。具有
不孕边花的植物主要见于绣球科
（或虎耳草科绣球属）和忍冬科
荚蒾属的一些种类，是对昆虫异
花传粉的一种适应方式。

东陵八仙花　　摄影/杨斧

　　历史上，雾灵山曾被极其茂密的森林所覆盖。元代时，随
着元大都的兴盛，雾灵山的森林开始遭到大规模的砍伐。明成
祖迁都北京后，雾灵山的清凉环境和木材资源同时引起了人们
的关注。元朝设"雾灵山伐木官"一职，至明朝仍然存在，可
见此地大规模砍伐木材的行为持续时间之长。明万历初年，当
地方官员将"雾灵山清凉界"的题字镌刻在一块直径达30米的
巨石上时，由于持续的大规模的伐木，雾灵山的清凉世界已成
为强弩之末。到了崇祯皇帝吊死在景山树上时，雾灵山已变成
"童山"状态，基本无大树可伐了。

　　然而，300多年后的今天，当我们站在雾灵山绝顶的平台上
眺望周围群峰时，又能看到茫茫林海绿浪起伏。这转机，却是
得益于传统文化中颇为神秘玄妙的"风水"信仰。

　　对北京山区植物有一定了解的人，对东陵八仙花这种在花序
边缘有十分醒目的不孕边花的灌木，都会有较深的印象。植物分
类工具书告诉我们，这种分布在海拔1200米以上山谷中的植物，
因模式标本①采自清东陵而得名。有趣的是，东陵位于燕山南麓
河北省遵化县马兰峪，属于低山丘陵地带，根本不具备东陵八仙
花生长的环境。原来，这种美丽花木的模式标本，是19世纪末，
俄国驻华使馆医生贝勒（E.Bretschneider，1833—1901）在雾灵
山一带采集到的。位于清东陵北偏西方向，与东陵相距50千米的
雾灵山，作为东陵的风水山地，早已被视为这座赫赫有名的皇家
陵寝的一部分，原来的山名反而不为人提及了。

　　"风水"信仰在中国历史中源远流长。在清东陵身后，高
峻、深邃的雾灵山，被视为"后龙禁地"，享有神圣不可侵犯
的地位。从清初建陵之始直至清朝灭亡的260多年中，雾灵山一
直处于全面封山的状态，山中的居民全部迁出，护山兵丁日夜
巡察，不要说砍树，就连进山采药的百姓，捉住也要被杀头。
就这样，在基本无人类干扰破坏的前提下，经过两个半世纪利
于温带森林植被生息繁衍的气候条件抚育，雾灵山的天然植被
得到了逐渐恢复。到20世纪初，终又灵气再现，森林茂密，鸟
语花香，溪流不断。虽然以后的百年中，它又遭到伐木、战

---

　　①"模式标本"是指发表植物（动物）新种时，定名人所依据的植物（动
物）标本。

火、采药、营林、旅游及不当生物采集等人为的破坏和干扰，但被古人追求好"风水"的信念挽救下来的这份自然遗产，幸好还没有被耗尽。雾灵山历史上封山育林，天然林自然恢复的经历，对当今社会有着很高的示范价值。

温带森林植被的天然实验室

清朝灭亡后，对清东陵"风水禁地"的封锁解除，这座历史名山和山中新生的温带森林，强烈吸引着科学家。百年来，进入雾灵山考察采集的中外生物学者络绎不绝，多种以雾灵山

雾灵香花芥　摄影/浦刚

毛蕊老鹳草　摄影/杨斧

一览群峰的风箱果　摄影/杨斧

雾灵山的科考活动

雾灵山是科考发现的重镇，这里再列举一些科学家们在雾灵山的科考活动。

1921年，美国科学家普伯（C.H.Pope）在雾灵山一带采集到棕黑锦蛇、黄纹石龙子等爬行动物标本。

1925年，美国传教士万卓至（G.D.Wilder）进入雾灵山考察鸟类，获得白冠长尾雉、灰脸鵟鹰、雀鹰、狍子、貉等多种鸟类和兽类标本。

1928年10月由中国动物学家秉志和植物学家胡先骕领导的静生生物调查所成立，第二年即派员前往雾灵山一带采集树木标本。1934年，该所植物部助理周汉藩编著的《河北习见树木图说》中，记载了多种产于雾灵山的树木。

北平研究院植物研究所所长刘慎谔博士，1929年留学归国，30年代初即两次到雾灵山考察植被，采集植物标本；在他1936年主编的《中国北部植物图志》中，就记载了不少产于雾灵山的植物。20世纪50年代，调任东北林业土壤研究所所长后，刘慎谔又数次带队到雾灵山考察和采集。

命名的生物新种脱颖而出。

在50年前出版的《北京植物志》中，雾灵山西部的北京密云坡头林区，作为植物的重点产地之一，不时跃然纸上。雾灵沙参，是特产于雾灵山的沙参属新种。其发现者和定名人洪德元先生这样记述："这个种至今只发现于雾灵山，1974年9月我们到雾灵山的西南坡，在一个山沟海拔1200～1700米的灌丛高草地中，发现这个种的个体极多，花正盛开，一眼望去，满是紫蓝色花，十分醒目……"

《中国植物志》里，除了上述东陵八仙花、雾灵沙参外，还会见到雾灵山乌头、雾灵香花芥（雾灵草）、雾灵山黄芩、雾灵鹅观草、东陵苔草等一系列以雾灵山和东陵命名的植物。这些植物的发现和命名人中有外国的植物采集者和研究者，也有中国植物学家，如吴征镒院士、王文采院士和洪德元院士。

目前，在北京及其周边地区，雾灵山国家级自然保护区的森林植被和植物物种多样性都是首屈一指的，是华北地区植物种类最丰富，温带森林生态系统发育最完整的区域之一。据保护区提供的资料，区内高等植物有1870余种，其中有多种受国家保护的珍稀物种或珍贵的资源植物，如大花杓兰、紫斑杓兰、手参、二叶舌唇兰、蜻蜓兰、风箱果、核桃楸、黄檗、紫椴、青檀、刺五加、北五味子、野大豆等；野生鸟兽有161种，其中国家一级保护动物有金雕、豹两种，二级保护动物有白冠长尾雉、灰脸鵟鹰、雀鹰、猕猴、斑羚等12种。

观光线路

雾灵山森林公园分设南、北、西三个山门，由河北省兴隆县县城和北京市密云县曹家路都可以沿公路和旅游步道进入各个景区和景点。目前，雾灵山森林公园有四大景区。

歪桃峰——绝顶景区（海拔2118米）：可远眺群峰和苍茫林海，观云海、日出；观赏五花草塘上的美丽山花和裸岩、峭壁上的岩生植物群落。

仙人塔景区（海拔1400米）：以一尊高48米的天然花岗岩

雾灵山绝顶远眺　摄影/杨斧

石柱为标志。溪水从塔下巨大岩石上奔流而过；沿中仙十八潭的溪流行进，可辨识沟谷森林中的花草树木。

龙潭景区：位于较低海拔深谷中，一道落差60余米的龙潭飞瀑令周围的奇峰峭壁、苍翠山林更有灵气。游人可沿铁梯上下于连续跌水形成的瀑布群中。

清凉界景区（北坡海拔970米）：明代所立，镌有"雾灵山清凉界"六个隶书大字的巨石古碑就在此处。伴着欢歌的溪流，穿行于落叶阔叶杂木林内，可观赏到软枣猕猴桃、东陵八仙花、紫斑风铃草、二叶舌唇兰等。

"仙人塔"告慰苍天　摄影/杨斧

实用信息

交通食宿便利，莲花池是公园的食宿和交通中心。

交通：火车、长途客车、自驾皆方便。兴隆县火车站前可搭乘公园旅游专车入山；公路从县城直达山顶，北门到主峰也已有公路贯通。

食宿：南、北门内外和山上海拔1800米的莲花池及山顶都可住宿。

封山期：秋季至次年4月前不开放，每年秋季具体封山期需咨询保护区管理处。

安全提示：雾灵山气温低，即便在夏季，山顶早晚也如冬季，特别需要注意保暖。

扩展
阅读 ▶

走入五花草塘

北京城外的很多高山之巅，都分布着华丽壮美的亚高山草甸。与山下的植物相比，草甸上的野花格外鲜艳动人，也格外脆弱，因为它们的生长环境更加严苛。所以爱花人千万不要采摘，离枝的花朵很快就会枯萎，草甸也会因此变得残破。

◎ 紫色小姐妹

绿色的草甸上，紫色的花朵总是成为抢眼的主角。这样浓郁的色泽在山下的野花中不常见到。不过花朵的颜色随着光照和气温很容易发生变化，如果感兴趣，不如试试能找出多少种不同的紫色。

翠雀如同一群鲜艳的紫色小鸟，轻盈地立在枝头。它的美令人过目难忘。同样是深紫色的桔梗花，未开之前如同一个小气球，开花后则是娇艳的五瓣花冠。华北蓝盆花的颜色稍淡，有时偏粉色。花形如同精巧的小花篮，天真淡雅。蓝刺头的头状花序形成一个小圆球，挤满了一朵朵筒状花，全开的时候形成一颗紫色花球。凋谢后生成一个个黄褐色瘦果，变成了"黄刺球"。沙参属的野花很好辨认，它们都有小铃铛一样的外形，花蕊就像铃铛里的小锤儿。

◎ 溢彩流金

黄色的花朵如同耀眼的阳光碎片撒落在草甸上。野罂粟就很容易抓住眼球。它是罂粟科罂粟属植物，个头虽比同属的虞美人矮小，花朵却较大，在灰色岩石的背景中特别抢眼。小黄花菜是百合科的植物，花朵颜色嫩黄，亭亭玉立。它和我们平常吃的金针菜是近亲，但它可是有毒性的，不能鲜食。金莲花是草甸上名副其实的"一朵金花"，充分表现出毛茛科花朵的华丽。因为它的美丽和药用价值，很多地方都有人工栽培作为代茶饮。但是草甸上野生的金莲花是不可替代的，请不要采摘亵玩。

◎ 白色旋律

草甸上的白花不染尘埃，素雅天成。银莲花，与金莲花一样同属毛茛科，但开白色单瓣的大花，皎洁无瑕。菊科的各种火绒草花序如白色的星星，周身都有细细的灰白色绒毛。珠芽蓼的花序如同一小串扎起的珍珠，每颗"珍珠"都开出小小的花朵。它的花有时纯白，有时是淡粉色。

◎ 红粉佳人

深深浅浅的各种红色、粉色、橙色的花朵，如同草甸上的宝石般熠熠生辉。报春花科的胭脂花绽放在初夏，修长的花梗如同举着一小团跳动的火焰。深红色有些发暗的地榆有着细长的花茎，顶端由朵朵小花凑成一个长圆形小花球。别看它这样小巧，其实是蔷薇科的植物呢。石竹也是很秀气的粉色小花，每朵都是五瓣，每瓣的边缘都有细小的锯齿。橙红色的有斑百合是草甸中的高挑美人，它艳丽的六片花被内侧撒着点点红斑。各种豆科黄芪属植物的花朵，都戴着蝶形花冠，颜色徘徊在浓淡不一的粉、红、紫之间。

翠雀 摄影/胡卉哲
小黄花菜 摄影/黄海琼

珠芽蓼 摄影/杨斧

石竹 摄影/胡卉哲

城市里的四季只有不变的车水马龙，但城外的自然永远都在上演着精彩的大戏。大自然用山川、河流、翠谷作画，用花朵、树木、昆虫、鸟兽做演员，用天空、云朵、日月星辰做布景，生机灵动，惊喜连连！

草木含灵

春有百花（3月底到4月）

这个时期是低山区植物的集中开花季节，到公园、郊野寻觅一番吧。你会发现自然的颜色已脱去冬日的肃杀，开始柔和亮丽起来了。此时大部分郊外群山尚未结束封山防火期，不如就去城中公园、京西近郊等地走走看看。

○ **初识野花**

紫花地丁、蒲公英、苦荬、委陵菜、蛇莓……这些市内常见的野花在4月纷纷绽放，组成一块块缤纷的小花五彩图。

推荐地点：紫竹院、天坛、奥林匹克森林公园。

○ **二月兰花海**

推荐地点：天坛、奥林匹克森林公园。

○ **山杏、山桃**

推荐地点：奥林匹克森林公园、大小西山、八达岭森林公园。

山野寻芳（4月到5月）

有些植物不太寻常，若能在山崖间遇到，会带给你想不到的惊喜。但能不能发现，就要看驴友们的运气了，不可强求。待到5月可以出行远郊的时候，可以在登山途中寻觅。

○ **小顶冰花**

北京珍稀植物，仅见于早春西山附近的沟谷。推荐地点：京西小穿越。

○ **迎红杜鹃**

迎红杜鹃和照山白是北京仅有的两种野生杜鹃，一红一白。迎红杜鹃成片开放于早春。推荐地点：西大庄科、云蒙山、黄草梁、灵山。

○ **独根草**

早春出现，只生长于石灰岩地区的独特植物。推荐地点：上方山、十渡。

○ **槭叶铁线莲**

又叫山崖花，多在4月出现在石灰岩质的山壁上，花期很短但一见难忘。推荐地点：上方山、十渡。

○ **铃兰**

著名的林下阴生植物，有时会成片开放。推荐地点：云蒙山。

亚高山草甸 （6月到8月）

北京周边海拔1500米以上的高山上，多分布有亚高山草甸。当平地和低山的山花退去，这里的草甸才刚开始上演五彩的盛宴。

- ○ 金露梅和银露梅是标志性的高山灌丛
- ○ 低山少见的野生兰科植物
- ○ 长筒滨紫草在北京仅见于灵山
- ○ 曾让植物学家惊叹的雾灵沙参
  推荐地点：喇叭沟门、海陀山、黄草梁、百花山、灵山、雾灵山

美丽的秋天 （9月到10月）

北京的秋天是最美的！低山区的植物迎来了秋花期，山间树林也在一夜之间披上五彩的霞衣。这时候无论近郊、远郊，所有的山林都变成了金红橙黄的调色板。快跟上秋的脚步，它既热烈又短暂，可能寒风一到，山林也会在一夜间褪去红衣。

- ○ 碧云寺—东山村 杂木林秋色
- ○ 八达岭森林公园红叶岭
- ○ 十里坪金色草甸
- ○ 东灵山秋景
- ○ 喇叭沟门千亩白桦林

◎ 冬日松柏 （11月到次年2月）

北方到了冬季，大部分植物都已歇息停当，只留下常青的松柏。这时候爱植物的人可能会有些寂寞，不过也正好沉淀回味，为来年的繁花做好准备。

鸟兽有情

候鸟的欢唱 （3月到6月）

冰面尚未全化，候鸟就早早飞回了北方。这时有水的地方往往能吸引到很多早归的鸟儿。有的一顿吃喝之后，又展翅高飞地继续旅行了。有的则安顿下来，进入繁忙热闹的求偶、搭窝、繁殖阶段。而到9月时，候鸟集体南迁又开始了。

- ○ 圆明园
  城中看迁徙水鸟的好地方。

○ **野鸭湖**

3月中旬冰面开化之后，这里开始一派繁忙景象。各种雁类、鸭类，还有天鹅、鹤类、鹬类等聚集于此。

○ **怀沙河**

鸳鸯繁殖的栖息地。3月底至4月为求偶期，或许能看到一对鸳鸯讨论巢址的动人场景。

○ **天坛**

6月时，守信的燕子回来了。它们总是选择老建筑附近的旧家园。

○ **十渡**

这里有珍稀候鸟黑鹳。它们年年都回到拒马河，在高高的山崖上安家。

麋鹿挂角 （6月到8月）

进入发情期后，在鹿群争斗中获胜的公鹿会成为"鹿王"，并在鹿角上挂上草叶、树枝。南海子麋鹿苑可以让都市人一睹"鹿王"的风采。

蝶舞虫鸣 （5月到9月）

4月花椒树上的毛毛虫，转眼就变成拖着丝带的美丽蝴蝶。整个夏季和秋季，都是观察昆虫的好时机。只要在郊区的夜晚做一个简单的灯诱，各种大小不一的"演员"们就会自动扑到屏幕上。

推荐地点：兰角沟，以及近郊、远郊的山野。

猛禽之舞 （4月到5月及9月到10月）

猛禽的迁徙场景壮观，是一年中重要的"鸟事"。北京处于很多种猛禽迁徙的路线上，一年中有两个时段可以观赏到这豪华的生命之舞。当然，其他时候的猛禽也总是成为观鸟的焦点，因为它们翱翔的身姿太帅气了。

推荐地点：百望山、大西山、十渡、兰角沟。

长耳鸮之歌 （11月到次年4月）

冬候鸟中的代表，每年定时、定点出现在天坛的古柏上。它们是北京观鸟人的入门必修课。

推荐地点：天坛

冬日观鸟 （11月到次年2月）

和植物不同，很多鸟儿在冬天还是很活跃的。这个时候我们可以去湿地附近看望这些寒风中的小伙伴儿，看看它们过冬的日子。有些大的湿地可以聚集几百只过冬鸟儿，是肃杀的冬季里难得的生机。

推荐地点：圆明园、奥林匹克森林公园、野鸭湖、十渡、白河。

山水之间

冬日穿越 （1月到3月）

此时大部分远郊山林都进入封山期，所谓穿越多以近郊短途为主。不仅可以保持运动，也能欣赏冬日群山特有的魅力，若在雪后则景色更加难得。当然，如果能力过人兼经验丰富，也可以尝试中等难度以上路线。切忌冒然挑战难度大的路线。

短途活动：奥林匹克森林公园长跑、香山—八大处拉练、植物园—樱桃沟"穿越"。

中强度户外活动：大西山古香道、白河徒步。

高强度路线：十里坪雪后穿越。

"清香" 活动 （4月）

"清香"就是指清理香山步道两旁的垃圾。这个公益活动最早由自然之友登山队的志愿者在2005年发起，已有越来越多的伙伴加入进来。尤其每年4月，会有几次大型的"清香"活动，多时有200人参加。每次都能"收获"几十大袋子的垃圾。初春正是登山客整装待发的时候，不过在我们准备享受自然美好之前，先用行动来守护它吧。

经典穿越 （5月到9月）

从5月的椴木沟开始，层层远山、片片密林就吸引着络绎不绝的登山驴友。只要准备充分，体力允许，任何一处山野都有其独到的自然胜景令人陶醉。任何一处山路都会带来不同的惊喜。

短途活动：京西穿越、八达岭森林公园、松山保护区、兰角沟。

中强度活动：白河漂流、云蒙山主道、喇叭沟门、海陀山、黄草梁、百花山。

高海拔登山：灵山—下马威线、雾灵山。

高强度路线：三灵连穿 西灵山——东灵山——北灵山——实心楼——黄草梁。

国际山地徒步大会 （10月）

门头沟区每年组织的大型徒步活动。分多条线路，囊括休闲、徒步、专业竞技等多种级别。其路线也包含了山地、湿地、古村等地点，是很受市民欢迎的活动。其中黄草梁的一段经典穿越路线也在其中。希望参与的伙伴们能在活动中爱护环境，践行"无痕"行动的原则。

跋

从王安石的《游褒禅山记》到『游憩机会谱』

乌 恩

自然之友编著这本综合自然观察、自然学习、环境教育内容的书时，跟我探讨依据"游憩机会谱（ROS）"方法的道理安排篇章结构。"游憩机会谱"是英文术语Recreation Opportunity Spectrum（ROS）的翻译，另一个译名是"游憩机会系列法"。

那么，什么是ROS？要说清楚，有必要从王安石的《游褒禅山记》和一个叫斯坦科（L.B.W.Nieuwkam）的美国人的图画说起。

中学语文课本里曾有一篇《游褒禅山记》，是北宋政治家、思想家、文学家王安石在辞职回家的途中游览了褒禅山后，以追忆形式写下的一篇游记。王安石在这篇著名散文中说："夫夷以近，则游者众；险以远，则至者少。而世之奇伟、瑰怪、非常之观，常在于险远，而人之所罕至焉。"这段文字，用现在的话说就是："平坦而又近的地方，前来游览的人便多；危险而又远的地方，前来游览的人便少。但是世上奇妙雄伟、珍异奇特、非同寻常的景观，常常在那险阻、僻远，鲜有人迹的地方。"

在王安石去世九百余年后的1996年，一个美国人斯坦科画了下面这张图（图1），几乎就是对王安石上述文字的图解，也可以说，王安石的文字好像就是为这张图写的对应。

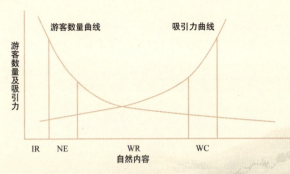

图1 生态旅游地功能分区模式的可行性
（L.B.W.Nieuwkam，1996）

斯坦科把生态旅游地（山地、湿地等）的空间划分成为了四个区段类型：野生保护区（WC）、野生游憩区（WR）、密集游憩区（IR）、自然环境区（NE）。拿一个森林公园或自然保护区来说吧，"密集游憩区（IR）"就是指像森林公园大门口那样的地方，人很多，建筑、设施也很多，甚至有很多餐饮店和旅游纪念品店；而"野生保护区(WC)"就是指深山里面人迹罕至的地方，或者依据法律规定不让游客进入的自然保护区"核心区"。现在，你应该清楚王安石和斯坦科说的是一回事了吧，森林公园入口处人最多，因此"自然美"就少了，越往森林深处走，游客越少，设施建筑也越少，但"自然美"却越来越多。

其实，王安石的《游褒禅山记》和斯坦科的图画表达的"空间类型——游客数量——旅游吸引力"关系，是了解ROS方法的前提和基础。

第二次世界大战以后，尤其是20世纪50年代中期以后，随着战后世界经济的发展、居民收入的增加、交通手段的进步，在西方主要工业化国家出现了旅游活动的大众化趋向，旅游真正开始成为一种"生活方式"。于是，国家公园、自然保护区出现了游人增加、破坏环境，拥挤、喧哗、降低来访者体验水平等问题。20世纪60年代，问题日益突出，管理部门和学者提出了环境容量和承载力（recreation carrying capacity）的概念，并且成为当时主要的研究论题。除了研究植被对践踏的耐受力等问题外，还用这一概念和方法描述对当地社会、文化的冲击，包括旅游行为对游客体验水平的冲击等，特别是"荒野"这一无车道、重视个人感受的空间概念中指出，旅游者与他人相遇的频繁程度是影响游憩体验水平的重要指标。

早期的游客环境容量研究，希望在不同保护区找到容量数字。但是，如果将环境容量简单地理解成为数字问题或数学计算的话，在实践中往往得到失败的结果，因为影响环境容量的变量太多，很难得到一个准确的答案。例如，同样是100名游客使用1000平方千米草地，可能会出现多种环境效果。

表1　100名游客使用1000平方米草地可能出现的不同环境影响效果

条　件	情境A	情境B	环境影响
游客行为	100人都躺在草地上读书	100人都在草地上扭秧歌	A<B
环境耐受程度	草地是耐践踏的野牛草	草地是娇嫩的百慕大草	A>B
游客空间分布	100人集中在一处扭秧歌	分成10个组在草地不同地方扭秧歌	可能A>B
游览时间	只玩20分钟	玩60分钟	A<B
旅游地管理水平	管理严格，只准穿软底鞋者进入	管理松懈，穿皮鞋、钉鞋者都能够进入	A<B

　　20世纪80年代以来的生态旅游地规划、管理，已经转变为以管理目标为前提，任务不是探讨"多少使用量才算过分"，而是判断"怎样的改变可以接受"。

　　到访国家公园等自然地区的旅游者，他们的旅游偏好和动机是复杂多样的。有人偏好使用便利、舒适的游憩活动空间，而有人愿意体验原生状态的自然环境。也就是说，旅游者的需求和行为是多样的：有人喜欢穿着皮鞋，到公园门口悠闲地喝喝茶、呼吸呼吸新鲜空气就回家；有的人体力不好，只能沿着登山道步行到半山腰；也有人喜欢攀登到人迹罕至的地方，而且那里要保持"荒野"状态他才有感觉。

　　20世纪80年代，林学出身的学者克拉克（Clark）、斯坦科和布朗（Brown）等提出了"游憩机会序列法（ROS）"，将国家公园内部划分为6种不同类型的空间：原始的、半原始无机动车辆的、半原始有机动车辆的、有路的自然环境、乡村、城市。旅游者会在自然风景地内通过选择自己喜欢的空间单元、游憩活动项目来满足自己的旅游体验。也就是说，一座山，应该让穿皮鞋、登山鞋的游客都有各自喜欢的空间，既要有设施、服务密集的大门口，又要有安置解说牌的游步道，还要有连垃圾箱都不能出现的荒野地域。

"游憩机会谱（ROS）"是处理 "不同类型空间"与"不同类型旅游体验"间关系的方法，通过保持、强化"不同类型空间"的存在，在满足游客"不同类型旅游体验"的同时，也最大程度地保护了自然多样性，有荒野，有只准自行车进入的地方，有不准修路的地方，这是对"保护——利用"关系的折中、平衡。

这次，自然之友用"游憩机会谱（ROS）"方法将自然北京划分成由近及远的几种不同类型，并依此安排全书的篇章结构，是一种创新。从市中心的紫竹院公园，到远郊的灵山、雾灵山，宏观上看，也真是一种ROS式的空间演变序列。

人，只有亲近自然、学习自然、爱护自然，才能够成为"自然之友"，希望我们的国民在城市的公园，在偏远的大山，在森林公园"热闹"的大门口，在人迹罕至的核心区，都能够玩儿得高兴，有收获，负责任。

（乌恩，男，1971年生，蒙古族，北京大学毕业，博士，北京林业大学园林学院副教授，主要研究方向为生态旅游、环境教育。）

本书是一个集体创作的成果。各篇执笔人如下：

引章"认识北京湾"：作者何理。

第一章"城市绿洲"：01 紫竹院（张冬青）、02 天坛（要旭冉）、03 圆明园（汪周）、04 奥林匹克森林公园（胡卉哲）、05 麋鹿苑（洪士寓，侯笑如对本文亦有贡献）。本章扩展阅读《城市里的"非主流"草木》由张冬青执笔。

第二章"近郊风光"：本章（06~09）主要作者为刘夙。其中第07节《勇者的天空：百望山观猛》中观猛部分由宋晔执笔。本章附文《做个细心有爱的观鸟人》由李强执笔；扩展阅读《认识野生植物》由刘夙、杨斧、胡卉哲共同完成。

第三章"远郊野趣"：10 八达岭森林公园（冬小麦、姚爱静）；11 野鸭湖（翟悦剑）、12 松山自然保护区（郑丹丹）、13 兰角沟（彭博）、14 西大庄科（杨斧）、15 上方山（刘夙）、16 十渡（高武，叶宝莹对本文亦有贡献）、17 白河峡谷（翟悦剑）、18 从怀沙河到水长城（侯笑如，彭博对本文亦有贡献）。本章扩展阅读《野外常见昆虫》由彭博执笔。

第四章"山野的怀抱"：19 云蒙山（刘文泽、杨斧）、20 喇叭沟门（彭博）、21 海陀山（莫树文）、22 黄草梁（莫树文，文末"沿河城"一节由何理执笔）、23 百花山—白草畔（何理）、24 灵山（莫树文）、25 雾灵山（杨斧）。本章扩展阅读《野外观赏昆虫》和《走进五花草塘》由胡卉哲执笔。

全书由胡卉哲、李君晖统稿。杨斧、万奔奔、高武、侯笑如、舒晓奋、魏家明、陆莉审校。

图片作者：安金如、安妮、白加德、陈耘、高武、高翔、顾芳、韩广奇、何理、洪士寓、洪婉萍、侯朝炜、侯笑如、胡卉哲、黄海琼、李海宾、李强、李心茜、廖娜平、刘华杰、吕军、吕树伟、莫树文、彭博、浦刚、千年猫、宋晔、苏文平、天马、汪周、王建爱、王玉琦、王昀、吴岚、吴骁、吴秀山、心弦、徐越平、颜晓勤、杨斧、杨洋、要旭冉、翟悦剑、张冬青、张林源、张筱达、赵洪山、郑丹丹、钟震宇、朱松、自然之友登山队、北京松山国家级自然保护区管理局。

图片统筹：黄海琼

以上诸位作者，多来自自然之友野鸟会（原观鸟小组）、植物组、登山队和无痕山林团队。前三个是在北京开展户外活动的志愿者团体，十多年来走遍了北京周边各座山，和越来越多的朋友一起亲近自然、学习自然，积累了丰富的数据、资料和感悟。而开展"无痕山林"的志愿者团队，于2011年刚刚成立，时间虽短，成长却快，已经培养出中国大陆第一批高阶无痕山林讲师，并进行了几十次各类培训活动。

登山队成员肖随丽最先提出以"游憩机会谱（ROS）"方法结构全书，并和张伯驹一同设计了本书最早的构思。此后我们幸运地得到在该领域拥有丰富研究和实践经验的北京林业大学林学院副教授乌恩的指导，实现了最初的设想。

植物组组长胡德强、野鸟会会长李强、登山队队长曲志兴在各自团队做了大量协调、动员和组织工作，保证了各户外团队的丰富经验转化为本书的写作素材。黄海琼、赵宏、冬小麦是无痕山林项目团队的志愿者，她们不仅为无痕出游的理念融入本书贡献了许多宝贵建议，还邀请到更多伙伴友情提供图片、美术指导等专业"外援"。美术设计由李海宾完成，封面题字彭伟，晋向慧为本书的视觉设计提供了不少专业意见。

"无痕"出游是自然之友各类户外活动所共同提倡的。本书各章节穿插的"无痕山林（LNT）"提示和介绍，其基础部分翻译自 Leave No Trace –Center for Outdoor Ethics (www.lnt.org)，谨在此致谢。在本书写作时融入了我们在中国大陆的实践。其中第四章特别提示"山野安全法则"由王煜执笔，其他无痕提示由胡卉哲执笔。

北京市科委的专家许佳军、刘华杰、范春萍、赵萌、尹传红诸位，从本书最初的立项选题直到最后的定名排版，提供了许多中肯而可操作的专业建议。特别是赵萌老师在本书写作过程中给予了大量关键指导。谨在此表达我们对各位专家的深切感谢。

将"无痕"理念融入户外自然体验，是一项新尝试。本书著作团队在这项尝试中存在的诸多不足，既仰仗读者朋友的海涵，也期待明眼人的斧正。一切意见和建议都欢迎联系自然之友：office@fonchina.org

2013 年 9 月

北京公共交通查询信息

常用长途汽车站咨询电话：

赵公口长途汽车站：010-67229491；

永定门长途汽车站（位于北京南站）：010-8310 9307

六里桥长途汽车站：010-83831716

新发地长途汽车站：010-83728015

德胜门外长途汽车站：010- 82847096

丽泽桥长途汽车站：010- 6325 5092

北京莲花池长途汽车站：010-63464027

木樨园长途汽车站：010-6726 7149

四惠长途汽车站：010-65574804

火车查询电话：12306

查询网站：http://www.12306.cn/mormhweb

　　北京多数区县建立了自己的旅游信息网，大部分景区也都建立了自己的网站，可方便地查询行车路线、开放时间、门票价格、食宿、天气等实用信息。

参考书目

1. ［北魏］郦道元：《水经注》

2. ［清］吴景果：《怀柔县新志》

3. ［清］顾炎武：《昌平山水记》

4. 蔡其侃：《北京鸟类志》，北京出版社 1988 年版。

5. 张庆成、王宝骏等：《怀柔县志》，北京出版社 2000 年版。

6. 侯仁之：《北京城市历史地理》，北京燕山出版社 2000 年版。

7. 马敬能：《中国鸟类野外手册》，湖南教育出版社 2000 年版。

8. 自然之友编：《北京野鸟图鉴》，北京出版社 2001 年版。

9. 汪劲武：《常见野花》，中国林业出版社 2004 年版。

10. 王同祯：《水乡北京》，团结出版社 2004 年版。

11. 汪劲武：《常见树木》中国林业出版社 2007 年版。

12. 王小平：《北京森林植物图谱》，科学出版社 2008 年版。

13. ［美］理查德·洛夫（Richard Louv）著，自然之友译：《林间最后的小孩》，湖南科技
    出版社 2010 年版。

14. 北京麋鹿苑编：《中国博物馆探索游——麋鹿苑》，电子工业出版社 2010 年版。

15. 北京市野生动物救护中心编著：《自然北京——鸳鸯》，北京出版社 2011 年版。

16. 自然之友编著：《教你认识北京的植物》，北京出版社 2012 年版。

17. ［美］约瑟夫·克奈尔（Joseph Cornell）著，郝冰译：《与孩子共享自然》，中国城市
    出版社 2013 年版。

18. 刘鸿雁等：《旅游开发对东灵山亚高山草甸的影响》，《生态学杂志》，1997 年 3 月。

19. 江源等：《人类活动对北京东灵山山顶草甸植被的影响及草甸植被的保育对策》，《地球
    科学进展》，2002 年 4 月。

20. 娄安如：《北京东灵山地区植物群落及其组成成分特性的分析》，《北京师范大学学报》
    （自然科学版），2004 年 8 月。

21. 陈卫、高武等：《北京麋鹿苑脊椎动物调查报告》，《首都师范大学学报》2006 年 12 月，
    第 27 卷第 6 期。

22. 肖随丽、贾黎明等：《北京城郊山地森林游憩机会谱构建》，《地理科学进展》，2011 年 6 月。

23. 中国观鸟记录中心 http://birdtalker.net/report/index.asp